關於過去那些好與壞，我都不想再試著去刪除了，
因為接下來你所看見的每一塊碎片，才組成了現在的我，

我只想好好的為自己活一次。

我也曾想過殺了過去的自己

蘇 彼 得　Peter Su

TEL：20220101
做自己，是需要付出代價的。

序

# Peter Su 是誰？

這幾年，我也曾問過自己這個問題，Peter Su 是我，還是你們眼裡的我。

二〇一四年四月，我誤打誤撞發行了第一本書 ── 《夢想這條路踏上了，跪著也要走完。》當時我將自己的英文名當成了筆名，雖稱不上一夕之間，但在發行之後，Peter Su 這個名字，被框進了一個「正能量」的人設。不管是喜歡還是討厭我的人，在他們的口中，我成了被討論的話題，那時候的我，壓根不知道自己接下來要面對的是什麼。

打開 Google，搜尋 Peter Su 之後會出現各式關鍵字，「Peter Su 是誰？」便是其中一個。

我也曾好奇的隨著搜尋關鍵字出現的各式討論和留言去臆測，大家認識的是什麼樣的我，當然有正面的聲音也就有負面的看法；我的朋友總是不斷的和我說，這是很正常的事，有人喜歡我，自然就會有人討厭我，我知道自己在做什麼就好了。

一直以來，我也試圖這麼告訴我自己。

聽起來很輕鬆，但實際面對時，情緒是很難一時被抹滅的。那是一種很赤裸的感受，即使我知道有這麼多喜歡我的人，我依舊覺得就是有這麼多人討厭我；更難過的是，討厭我的人根本就不認識真正的我。

有好一段時間，網路開始大量出現各式揶揄「Peter Su」的玩笑，而Peter Su 這個「人設」也成了必須正面以對的角色。我選擇繼續被這框架死扣著，將那些低潮的心情轉折，簡化成各種正能量金句，這麼做的同時，我也只是想要鼓勵自己。

在這過程中，我曾經試圖轉換工作跑道去分散注意力，其實也就是逃避，但結果並不如預期，因為那些討厭你的人依舊在，我只是以為自己可以逃離那些人、那些事，假裝什麼事都沒發生過……回過頭來，我發現那些看似有道理的文字，全都成了空洞的口號。我似乎忘了，這些年來，我活在「Peter Su」這個人設太久，卻忘了誠實的面對自己。

接下來大家所看到的一切，我的朋友知道一部分，也有一部分，是任何人都不知道的真實狀態。這是一本誠實面對自己的自白書，像是我們揮別青春的一本日記，我決定剖開過去那些曾經不敢直視的事情，書寫的也是

從第一本書至今最完整的我。我並不是要否認過去,但那只是一部分的 Peter Su。謝謝你喜歡過去的我,但接下來你所看見的,才是擁有完整樣貌的我。

這是一本很私人的出版品,寫著屬於 Peter Su 的故事,或許也是屬於你的,因為我們都曾有過那個不願被輕易觸碰的傷口,小心的將它藏在心底最深處的某個角落。

可心底的那個角落會是什麼模樣 —— 是一個家的模樣呢?還是一片浩瀚無際的沙漠?會是一片草原嗎?還是那裡什麼都沒有?

在那個地方的你正在做些什麼呢?靜靜的待著,還是隨著自由的感受扭動身軀;住在那裡的你,又會是一個什麼模樣?

接下來,請你和我一起誠實的面對自己,從最黑暗的深處開始,無論那有多混亂不堪。

# 目錄

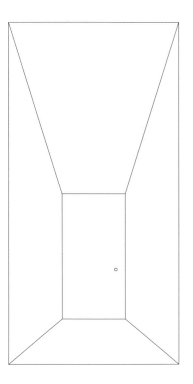

CHAPTER

1

# Peter Su

其實我也和你一樣，
是個會害怕也會憤怒，
會困惑也會逃避的
Peter Su。

C1

我

CHAPTER 1 - 1

二○一四年，我出版了第一本書——《夢想這條路踏上了，跪著也要走完。》

封面上有個十九歲的男孩，站在南非公路上的豔陽下，文宣上寫著——「一個追夢的熱血青年」。

那時幾個要好的朋友知道我準備要出書後，全都對我投向疑惑的眼神。並不是他們否定我，而是一直以來，他們認識的我，並不如書中所說，看似什麼都不會累，好像擁有凡事只要笑著面對，一切就會變好的正面人生。在他們的認知裡，我也有個會感到害怕以及憤怒的真實人生。

我最要好的朋友對那些看似正面卻重複類似道理的文章雖然無感，但他們卻能理解我想說的，因為那幾年，他們都曾陪我度過一段最低潮的階段。當時家裡發生了劇烈的變故，原本那個有點憤世嫉俗的 Peter Su，一夕之間，變成了一個奮發向上、凡事只能自己扛的 Peter Su。

回想我的第一場新書發表會，當天來了三十多個人，而我的朋友就佔了十幾個名額。當然，好朋友就是這樣，他們看著海報上大大的文宣，有點半開玩笑的說著——

「熱血青年 Peter Su 耶!」

「真的會有粉絲來嗎?」

「所以你等等是要跪著走出場嗎?」講完後,我們所有人都笑到不行。

雖然嘴裡這樣說著,但那天他們全都滿腔熱血的站在台下最後一排,安靜的靠在一起,給我最深的鼓勵。

那天之後,我成了大家認識的 Peter Su,一個無論如何都要正面以對的夢想家。我開始收到雪片般的訊息,也受邀參加了各種關於旅行和夢想的講座。有些人和我分享了生命中的困惑;有些人因為我的文字,帶上了勇氣,去追尋生命中的可能。那時候的我並不知道,自己正一步又一步的朝著 Peter Su 這個人設邁進;我感受著每份因為文字而被激勵的悸動,我把那些自己曾在悲傷後轉化成的正面思考變成了唯一出口,像是一種口號,大聲的對世界喊著。

好像都快忘了,其實我也和你一樣,是個會害怕也會憤怒,會困惑也會逃避的 Peter Su。

人都是這樣，開始懷念過去時，都是那些看似平凡的細微末節。

Diary

耳朵。

CHAPTER 1 - 2

缺憾，有時也會成為生命中巨大的力量。

有網友曾在限時動態問了一個問題：「如果你失去了多數人天生就擁有的東西，你會怎麼看待這時的自己？」

我想起某次簽書會中出現的一段小插曲。當天因為場地的限制，讀者上台簽書時，必須站在我的右手邊；一如以往，讀者會在這時候和我說些話，但這天的工作人員總是先打斷對話，引導讀者到我的左邊後，才讓他們繼續跟我說話。原因是，我是單耳失聰，這件事除了我身邊的人知道以外，認識我許久的讀者應該也都知道。

回到網友的問題，因為我是從小就聽不見，所以可能比較沒有所謂「失去」的感受，但隨著年紀的增長，因為單耳失聰帶來的一些生活小麻煩，讓我對於自己無法擁有多數人天生就擁有的東西，也產生了一些該如何「看待自己」的想法。

為了不讓現場的讀者產生誤會，我趕緊拿起麥克風暫停了簽書會。原本混亂嘈雜的現場，突然間變得非常安靜，我的單耳聽力似乎也恢復了平時的

水準，一種不用害怕自己聽不清楚別人說話的安全感又回來了，接著我也和讀者分享了關於自己一隻耳朵聽不到的這件事。

大部分都是在即將面臨需要解釋的情況下，為了不造成大家的麻煩，我才會提前告知這個問題。在還不清楚別人會如何看待自己之前，真的沒有人想成為眾目睽睽中的異類。

我也想感受雙耳都能聽見的世界究竟會是什麼模樣。當我走入大自然，蟲鳴鳥叫的聲響是否會更清脆響亮？沙灘上海浪拍打的音頻，是否真的能比認知上的更療癒人心？可惜我永遠都不會知道，所以我只能想像，也許只是比較大聲，也許是真的更加震懾人心。

我當然也會希望自己能和別人擁有一樣的權利，可以用雙耳聽聽電影院立體環繞音效的震撼，不然電影票一半的錢都白花了；戴上耳機聽音樂的時候，能聽見別人口中敘述的左右音軌設計；最奢求的是，我希望再也不用特別站在聽得見別人的位置，才能自在的說話、聊天。這些看似日常微小的事，都是我的願望，哪怕只有一次也好，不曾擁有過的比「失去」還可怕，因為你連「感受」的資格都沒有過。

不過單耳失聰還是有好處的。例如睡覺的環境很吵時，我只要蓋住一隻耳朵就能與噪音隔絕；朋友單邊壞掉的耳機可以回收到我這；最讓我感到得意的是，如果有人在我周遭批評我，我可以面不改色、不受影響，並不是我高冷，而是我真的聽不到他們在說什麼。

經過了那些只有自己才懂得的大小挫折，或許重點不在於我是否和別人一樣，抑或是我「失去」了些什麼，而是我該學會如何和現在的自己相處，擁抱自己所擁有的一切，包含那些生命裡的「缺憾」，因為無論如何，這都是最好的自己。

幾年前，在馬來西亞的簽書會上，有位先生帶著一位大概十幾歲的小女孩來到我的簽書會。上台時，先生搭著女孩的肩，和我說明女孩是他的姪女，才剛沒說幾句話，叔叔的眼淚便唏哩嘩啦的流下來，他邊哭邊說：「她是個聽障，今天特地帶她來看你的分享，想把這本書送給她，讓她未來有更多勇氣。」

一旁的女孩臉上沒有太多的表情，但我似乎懂得那與世界隔了一層距離的沉默神情。

我不確定她是否能聽見我的分享，於是我在書上寫了這麼一段話給她——

「接下來這個世界會有很多討厭的事在等著妳，請先別慌，因為也會有許多愛妳的人在身邊陪伴著妳；路終究是得自己走的，聽不見的世界只有自己聽得懂，其實妳比誰都還要厲害，因為這世界有很多事是聽不見的，得用心去看。

我相信，妳已經做到了。」

此篇獻給所有美麗的聽障朋友。

可惜快樂太膚淺，痛苦才讓我們得以看見人們的樣貌；人生難過的時
刻總比快樂大笑的日子還來得讓人難忘。

我們不容易忘記哭過的事情，難過的情緒確實比較深刻。

或許，因為孤單是生命中的常態，所以那些幸福的陪伴才會顯得格外
珍貴吧。

我的身後。

CHAPTER 1 - 3

在這個出版市場越來越不景氣，作者卻越來越多的時代，每次參加講座和各種採訪，總有人問我：「為什麼當初想要成為作家？」老實說，一開始我根本沒有想要成為作家。這一切是從我父親生病之後，我單純的在網路上記錄我們的生活開始這一切要。

復興商工畢業之後，我的夢想除了能環遊世界，就是做一名廣告設計師。當時我心裡的畫面很簡單也很膚淺，我希望有一天能像蕭青陽、聶永真一樣，走上金曲獎的舞台，領取「最佳專輯包裝獎」。在騎車去應徵工作的路上，我甚至在心裡想好了得獎感言。

在心中那理想的模樣成形之前，現實生活中確實有許多困難。我的技術並沒有跟上我腦海裡的畫面，後來我沒進入傳統的廣告設計公司上班，反而到了不同領域的企業裡，擔任公司唯一的「美編」；從一般的大圖輸出中心、網拍公司，一直到 IT 產業。當時，我受到一間 IT 公司的美國客戶青睞，詢問我到美國工作的意願；那年我二十三歲，旅居國外對我來說是一件美好的事，於是我二話不說的踏上旅程。我以為當時的自己正走在所謂夢想的道路上，直到某次我回台灣，一切如常的日子，卻在我回來的第二個星期出事了。住在台東的父親突然高燒陷入昏迷，再醒來時，因為腦

部中風而無法清楚說話，並且再也無法自理。龐大的開銷和低氣壓籠罩著整個家，那時候為了父親的治療，我們舉家搬到台北，一家四口擠在石牌一間三坪大的套房，兩張單人床，爸媽睡一張、妹妹睡一張，我在中間地板簡單的打地鋪。一個月八千塊的房租，親戚幫忙出了點錢，那樣的生活過了一年多，我告訴自己必須再努力一點，早點帶家人離開這個地方。

我和美國老闆協議讓原先的工作變成接案型式，同時我開始在網路上找更多案子。成了一名自由接案者後，待在家裡照顧父親的同時還能有收入，這讓我們好不容易能搬離那間套房。當然，那幾年接的案子並不是很穩定，也常因為遲繳房租，被房東找理由退租，就這樣重複搬了好幾次家。

當時 facebook 已經盛行，我看著好友跑遍台北市的夜店，在各家時髦餐廳打卡，說不羨慕是騙人的。那年我二十五歲，也想用自己賺到的錢去買喜歡的東西，揮灑各種青春，去享受自己想要的生活。

但我知道那是不可能的事，因為我還有一個家要照顧。

每個案子賺到的錢，都必須先把家裡安頓好；想賺更多錢的念頭不再是為

了自己想要環遊世界，而是單純的希望這個家能有穩定的生活，不用再擔心下個月是不是又要被房東趕走。也許是從這時開始吧，我告訴我自己絕對不能跌倒，即使跌倒了也要連滾帶爬的繼續前進。那時候，生活裡任何不經意看到的正能量句子都能給我一些慰藉，所以我也試著將心底最徬徨的狀態簡化成幾句話，寫給當時的自己看。

大概在網路上寫了兩年，一篇我和爸爸的故事，被出版社看見了。起初他們詢問我有沒有意願出書，我打從心底想要拒絕，因為那並不是我分享這些文字的動機，況且那種淺顯的文句，跟我當時認知的作家，完全八竿子打不著。

我沒有要貶低自己的意思，而是當時的我還活得太侷限，只懂得把一切都設定在既有的框架裡。後來，編輯和我說：「我們真的很喜歡你分享和爸爸之間的故事。」

我想起自己在父親生病之初，曾經許過一個願：我承諾自己，無論接下來的生命有多長，我要盡可能的去和他一起記錄生活裡的每一刻；即使再微小、再瘋狂，只求在走到終點之前，能不留遺憾的揮手道別。所以《夢想

這條路踏上了，跪著也要走完。》其實是一本寫給我父親的書，我想在有限的生命裡，為我們之間保存這段故事。

完成第一本書之後，我回到原本設計師的接案生活，一切如常。還記得預購當晚，我買了一瓶酒和鹽酥雞到朋友家，朋友問我會不會緊張，我很開心的回：「如果這本書有賣超過一千本，我就請大家吃大餐。」其實我當時以為最多就是賣七百本吧。反正不管怎麼樣，我都請大家吃飯喝酒！銷量如何真的無所謂，這本書對我的意義並不是為了錢，我只是剛好有機會，在這個階段替父親和自己多創造一個屬於我們之間的回憶而已。

在預購後的第一個週末，我接到了出版社的電話，他們和我說預購的狀況超出預期，所以決定再版。一個禮拜後，初版的三千本賣完了！還記得當我拿到實體新書時，第一件事情就是跑到我爸面前，很驕傲的跟他說：「你兒子出書了！」

我輕輕的靠在他身邊，一頁一頁的唸給他聽，讓他看看那些我曾去過的地方，一直唸到最後那段回家的章節，我們兩個人在客廳裡哭得唏哩嘩啦，我抱著他說：「爸，你要繼續加油，以後我們要一起去很多地方旅行喔。」

對我來說，這大概是我能給他最大的鼓勵，只希望他能再振作一些。

出版前，許多通路並不太看好這本書，畢竟它不是一本「作家」該有的作品，加上那時候的網紅生態還不像現在盛行，所以大家評價這本書就是一本很像 facebook 的書，這是我很後來才聽出版社說的。出版社和我都沒想到，接下來不到一年的時間，《夢想》竟然賣了超過十萬本，跌破所有人的眼鏡。那時候，出版社還特別替我發行了《限量十萬慶功版》。

也是從那天開始，我陸續看到網路上負面的討論。雖然我很在意，但看看身後的家人，我總是這麼告訴自己：「會有喜歡我的人，就一定會有討厭我的人，如果我總是把眼光放在那些討厭我的人身上，那我會浪費許多去愛和被愛的日子。」

也許並不是什麼富有高度涵養的哲學文理，但對當時的我來說，即使只是寫下這麼簡單的一句話，也能短暫的給自己一些力量，去面對那些外來的負面聲音。最重要的是，我知道這本書對我的意義。

不過，從那天開始，我知道接下來的人生，會變得有點不一樣了。

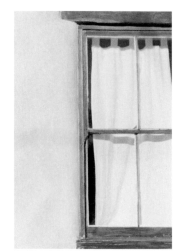

2020.10.21 California

我們總是聽過不看好自己的言論，難免會不小心跟他們認真起來，於是我們武裝成一個稱之為「堅強」的模樣，咬著牙強撐著走過他們面前，可腳底早已滿是傷痕。

也許過去我們都曾把「逞強」解讀成了「堅強」，但當你願意把外表撕開，那些被掩蓋在底下的傷口，才是我們彼此最真實的模樣。因為我們都受過傷，才懂得在遇見彼此時，溫柔相擁。

Diary

**請正視你心裡的那份「在意」。**

CHAPTER 1 - 4

我們常會不經意忽略心裡的某些感受,包括那些害怕被人發現的「在意」。

曾經,我在網路上寫了一段被人亂貼標籤的事情,文章裡,我分享了許多內心的真實感受。後來,收到了一位網友的留言回覆,原文是這樣說的:「我們也得承認,努力解釋一件事情的時候,或許也證明了自己真的很在意這個標籤。」

看到留言當下,我完全能理解他的意思,因為過去的我也曾有這樣的想法。那時候的我,認為越是急著想解釋,是否也代表自己其實很在意;因為對自己沒有足夠的自信,所以渴望得到別人的認同,這個論點沒有對錯。

可我的問題是,如果真的會在意,我們為什麼不能承認自己的「在意」。你在意了所有的事情,為何不能重視你心裡的那份「在意」。

「對啊,我就是很在意,所以我想大聲的說出自己真實的想法,而不是隨意讓陌生人亂貼我標籤。」承認自己很在意,總比明明很在意,還要假裝一切無所謂,要來得更自在一點,我心裡是這麼想的。

不知道從什麼時候開始,「在意」變成了一種負面、懦弱的代名詞,可它也是一個需要被抒發的情緒。想要說出心底的感受,卻可能被他人調侃,憋著憋著,最後卻活得越來越沒自信。為了自己認可的一部分,本來就可以大聲的為其表態。

也許大多數的人都會說,要學會不去在意,包括我。一直以來,我也在學著當一個不被外界眼光影響的人,不過當我們得以探索過自身所有的情緒,並平等的對待每一份感受,那才有可能挖掘出真正的自信來源。

不爭,也許是來自於內心深處的善良;善良,也讓我們學會包容不同的差異。但並不是所有的人都懂得珍惜我們的善良,我不是說要用相同的手段去對付外界帶來的糟糕,而是我們的善良終究得學會捍衛自己的立場,正視心裡的每一份感受。試著去接納那份讓我們「害怕」的感受,因為那也是屬於我們的一部分,它並不是弱點,唯有正視自己的感受,才能擁有真正的自信。

善良,不該成為任何人都可以傷害我們的入口。

最後，我當時回覆那位網友的留言如下——

「在意這個標籤也很好啊，至少誠實的面對自己，而且藉由努力的解釋，可以讓那些不敢承認的人也能自在的為自己發聲，我覺得是好事。總比那些明明在意、還假裝自己雲淡風輕的人，要活得自在一點。」

傷害你的會一直在，這是誰都無法避免的過程，你的善良要留給那些懂得尊重和珍惜的人，不要讓它成為弱點。這世界上總是有人會把你的好意當作軟弱來踐踏，這是事實，我們遲早都要看清這一點。

可希望你在面對時，別成為自己口中的那個壞人；也許這個世界有點麻煩，但希望你能繼續當一個可愛的人。善待自己也理解他人，做一個善良的人，但千萬別做一個忘了保護自己的爛好人。

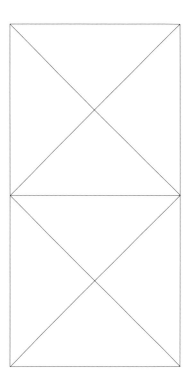

CHAPTER

2

# 逃避

毀滅也代表著重生。

C 2

作繭自縛。

CHAPTER 2 - 1

討厭你的那些人並沒有實質的傷害你，可你因為害怕「被討厭」，所以活成了對方認同的樣子。當你選擇將自己活成了對方所期待的模樣，這才是他們對你最大的傷害。

作繭自縛，是最致命的行為。

每個人的性格跟原生家庭有很大的關係，這當中包含著成長的經歷和交友圈，我們通常都會和價值觀相同的人聚在一起。每當我受到傷害的時候，我身邊的人總是和我說，不要跟那些人計較，你知道自己在做什麼就好。

從小到大，我盡可能不去和別人起衝突。因此，當我面對外界的負面評論時，即使心裡有話想說，我還是選擇「假裝」沒關係，反正我知道自己在做什麼就好。況且，真正在我身邊的人懂我，這才是最重要的。

可是我沒意識到的是，當我不斷的忽略自己心底最真實的聲音時，也正一步步的將自己推向一段自己騙自己的人生。

出版《夢想》沒多久，出版社詢問我是否有意願再出下一本書。那時我自

由接案設計師的工作收入逐漸穩定，加上受邀出席了將近百場的校園講座，實在沒有太多時間去思考下一步，我簡單的回覆出版社：「想寫的我都寫了，不知道還要寫什麼。」

出版社和我說：「沒關係，我們可以再慢慢討論。」

當時，壓根也沒想過自己還會再寫一本書。

《夢想》發行後，我開始收到各式的評論。第一次面對網友的負評時，我花了一段時間適應，然而原本忙碌的生活，讓我沒有時間去想太多。早上跑完講座，回到家繼續趕客戶當天要的設計稿是我的日常；一邊還必須照顧無法自理的父親，餵他吃飯、幫他洗澡，唯一能讓我感受到真正屬於自己的時間，是躺在床上到入睡前的那十幾分鐘。唯有此時，才能感受到自己的情緒，但在還沒來得及好好宣洩之前，身體早已沒了力氣，只想呆滯的放空。

偶爾，大腦片段式的浮現講座裡見到的陌生面孔。畫面裡，有人緊張的拿書給我簽名；有人興奮的跟我分享自己的夢想；還有更多的只是一刻安靜的眼神交會。這一幕幕讓我不禁回想，究竟是什麼一直支撐我走到現在？

開始準備《夢想》的下一本書之前，我和一直以來非常信任的編輯，又瑜，聊了許多，也一五一十的和她說了自己面對那些負評的焦慮與不安，在每一次我想要放棄的時候，她都提醒我還有非常深愛的家人和朋友在身邊。這突如其來的生活變化讓我幾乎快忘了，一直以來自己不顧一切的堅持，都是因為我知道還有一個家要照顧。

那天，我拿起手機，在記事本裡寫下這麼一段話——

「其實我也和你一樣，會有摸不透自己的時候。碰到挫折，有時可以很堅強、有時又好脆弱，我不是超人更不是英雄，無法在身中多彈時，還可以站起來說我沒事。明天會是怎樣，我不知道，但我知道再糟的今天終究會過去，我不能放棄，因為我沒有依靠，而且我還有夢。」

我把這段話收錄在隔年出版的第二本書《愛》，把我生命中最重要的四個和愛有關的元素寫了下來，出版社幫我加上了一段書名副標——「即使世界不斷讓你失望，也要繼續相信愛。」

或許也是寫給當時的我吧。

這本書在二〇一五年獲得了更好的成績。隨之而來的當然是更多的討論，這時我才逐漸意識到自己早已無法擺脫那些負面的評論。原以為自己能從容的面對不同的聲音，可是當《愛》銷售超過十萬本後，我卻在第一時間主動和出版社說：「千萬不要再做任何慶功版的規劃，對外也不要宣傳這本書在短時間內迅速累積的銷量。」

那時候的我，面對外界批評的聲浪，只想要低調一些。

接下來的每本書，我也不再因銷售成績做任何特別慶祝的版本。不知道從什麼時候開始，我把那些本該值得擁有的喜悅變成了一種錯誤，因為害怕被討厭，所以把自己捏造成他們最想看見的樣子。我以為自己就要徹底的被那些人打敗了，可從頭到尾，他們只是隔空揮舞著一把恐嚇的刀，真正刺傷我的，其實是我自己……

有多少人脫口而出的「我沒事」，只是不想讓人發現心底的感受。

以前我也是這樣，解釋嫌多餘，不解釋又是個結，就這樣迂迴的卡仕那，說了無數次「我沒事」的謊，但開始覺得無法承擔、需要有人傾聽的時候，我才漸漸理解很多事情必須誠實面對才有被解決的機會，

不然你以為的倔強，最後都會死在自己胡思亂想的小劇場裡。

Diary

## 「放下」是生命中一門重要的功課。

CHAPTER 2 - 2

曾經有網友這樣問我：「我很好奇，你有放不下過嗎？」
我：「當然有，但我也會儘量去享受放不下的那段日子。」
網友：「為什麼？這樣不會讓自己更難受嗎？」
我：「對我來說，每一種感受，無論是正面、負面，都是能與它共生共存的。」

我們總是認為「要學會放下」，但「放下」又不是手裡提的一個包，哪能說放就放，情緒都是真的，在那個當下，我就是全世界感受最強烈的那個，每個人都想趕快擺脫那討人厭的感受，所以我們想盡辦法的要將它脫手。

可越急著想擺脫的，越是作繭自縛，或許有時候我們都忽略了，在放下之前，必須先學會「接受」這份討人厭的事實。

接受早已離開的人、接受討厭的人、接受確實不愛我們的人、接受外面那些肯定與否定，也同時接受我們由內到外的真實情緒。

而我所謂的「享受」，是不再否認這負面感受的存在，逐漸讓它成為生命中的事實。所有的情緒總有相對應的出口，但首先，我們必須先給它一個存在的機會。

嘗過了甜蜜的感覺，難過的感覺也是如此，而且你知道，那是無法討價還價的。無論何種感受，都是生命中不可或缺的一部分，學會與每一部分的自己共存，才能在放不下的日子裡，找到相對應的出口。

如果說「放下」就是放過自己，請一定要相信，「接受」將會是變好的開始。

有許多事情，我們越急著想去擺脫，反而將它抓得更緊；我很難說請
你馬上將它放下，因為，連我都做不到。請試著去擁抱那些悲傷吧！
承認自己也有脆弱的過往，在你終將習以為常的某個日常，我相信，
它自然會對你鬆手。

Diary

## 枝 幹 上 的 荊 棘。

CHAPTER 2 - 3

曾經有人問我：「你說要大方承認自己的在意，可是如果表現得很在意，是不是更容易成為被別人傷害的『弱點』。」

我當時用自身一個膚淺但真實的經驗做例子。從我愛漂亮的年紀開始，就超級在意被人說矮。從小到大，總會有人取笑我的身高，那時候的我會謊報數字，也許是多加個幾公分；到後來還會穿上鞋墊來掩飾自己的沒自信，甚至在最走火入魔的階段，我會裝上兩層鞋墊。每次回到家，脫下鞋子的那一刻，看著鏡子裡的自己瞬間矮了一截，都會被自己原本的身高嚇一跳。

可當時的我忽略了一件事，這個身高早已是我生命中的一部分，無論我再怎麼去偽裝或是假裝無所謂他人的揶揄，它終究不會被改變，而且它確實就是我的一部分。

除了身高、外表特徵被取笑之外，我陰柔的特質也常被刻板的性別印象壓迫著，甚至不斷的遭受各種言語霸凌。有段時間我曾為了那些否定自己的聲音而想要改變，但幸運的是，我的家人、朋友並不覺得那是所謂的「問題」，所以當時我並沒有積極的去「改變」；但內心深處，還是非常在意外界各種擾人的聲音。如果說我完全不在意，那都是騙人的，為了迎合群體

生活，我開始隱藏自己的情緒，當時認為「反正只要不被人發現自己很在意，也就不會有被傷害的機會」。

但問題並沒有消失啊，它只是被我藏起來了。

我換了一種自我壓抑的方式活著，忽略了那所謂不想被人發現的「弱點」，其實只是一份等待被「接納」的感受。

這一切明明都是屬於我的一部分，那些正面負面的情緒、光明黑暗的念頭都是。少了任何一部分，都不是完整的自己。所以我為何要用這種不健康的方式去符合他人的想像，結果還間接傷害了自己。因此我選擇正視自己的感受，包括那些可能成為別人眼裡「弱點」的情緒波動。只有接納了那份讓自己「害怕」的感受，心裡的不安，才有可能逐漸轉變成完整的自信。因為我清楚知道，那些都是我的一部分，而且一點都不能少。

學著去善待心裡的感受，包含被稱為「在意」的感受，才能建立真正發自內心的自信；而那種由內而生的自信，不再只是武裝在枝幹上的荊棘。我相信，有一天我們都將成為人群中最耀眼的那一朵綻放。

讓你成長的，從來都不是傷害你的人，他們只是加深你對這世界黑暗面的認知；那些讓你茁壯的，都是你在事件後的體悟。

你對人性黑暗的認識，讓你知道世界上不會只有美好的一面，糟糕的一面也是真實生活中的一部分。

而讓你有力量去面對的，都是身邊愛著你的人，你需要感謝的一直都是他們和你自己。

如果真的要感謝過去的傷害，也只是事件的本身而非那個人，他帶來的只是傷害，而通過傷害的你，該選擇成為什麼樣的人，才是事件最終的目的地。

我活成了 Peter Su，
卻也死在這個人設裡。

CHAPTER 2 - 4

一位非常要好的朋友曾經和我說：「我覺得慶幸的是，即使你現在稍微有點名利，可是人還是沒什麼變。」

當時我們正在八卦一些認識的人。這些人因為成功經營社群平台，而有了知名度也賺到了錢，到後來他們的生活圈只剩下對他們有利的朋友，原本單純可愛的個性被偽裝，剩下的全是看人時的勢利眼神。

我也曾以為自己還是出書之前的我，百分之百的沒有改變；可當我重新檢視自己一番後，發現改變早已存在。其實自己都知道，只是當我必須為了某些事情妥協時，人類是非常容易自我催眠的；差別在於，是否有勇氣把深陷泥淖的自己重新拉回來。

《愛》出版不久，原先的設計接案，加上講座、業配，以及版稅收入，確實改變了家人的生活品質，至少不用再擔心任何生活上的物質需求。從原本每個月都在愁繳不出房租的日子，到可以替家裡添購各種需要的設備；終於再裝了一台說了好久的冷氣、把客廳唯一一張摺疊式麻將桌換成了好一點的飯桌、那台會漏水的二手冰箱也換成了容量更大的全新冰箱。同年，我實現了帶著全家一起出國旅遊的夢想。我知道，這一切都是因為有錢，

所以，為了給家人更好的選擇，我發誓，絕對不要再回到那個沒錢的日子。

那樣的生活改變來得太快，不知道接下來該怎麼走時，順著走也是一種方式。從誤打誤撞出了第一本書後，原本沒打算要再出書的我，又出版了第二本書。兩年之間參加了無數次的講座和簽書會，因此得以走訪海內外各個城市，見到了許多因書而聚集的讀者；對當時的我來說，我們之間的關係很單純，就像是恰好走在相同路上的靈魂。有人告訴我因為書本裡的文字而被救贖、因為那些故事而受到啟發，每一次真誠的眼神交會是無法騙人的，即使你們的生活未曾有過交集，可是這一切卻又是如此的靠近和真實。

結束《愛》的宣傳期，在決定要出版下一本書之前，我離開了原先的出版社。說是要休息並去外面看看，也離開了當時兼職設計師的公司，更全心全意的投入講座和社群經營，在那個還不知道接下來該往哪出發的時刻，所有人都在問你：「下一本書要寫什麼？」

於是，我自以為是的扛下了使命，希望能分享更多那些日常裡的故事，自以為走上了舞台，活成了大家期待的 Peter Su。

我並不覺得是誰造就了這個局面，因為這一切的問題都是我自己造成的。

在《夢想》、《愛》發行過後，無論在出版界或網路世界，我和所謂的正能量劃上了等號。我並沒有要否認自己是個正向的人，我確實是；但那只是我的一部分，我試著將過去那些低潮、難過的時刻，轉化成正面的言語，並鼓勵當時的自己。從來沒有想過那樣的文字是有影響力的，而當我發現，原來自己正在做的事情也能給予他人一些力量時，我自以為是的把它當成一種使命，我希望那些療癒自己的文字也能療癒到需要的人。從那天開始，我更專心的記錄生活裡發生的故事，將那些感受簡化成幾句結果論述。也許我們都是我故事裡的主角，所以我們的感受如此相近，像似朋友般，我在日常生活裡陪你聊聊幾句簡單的話，這大概就是所謂的共鳴吧！

偶爾，我也會收到一些網友的詢問，「面對那些事情，你是否真的都能做到像文字寫的那樣簡單？」

我想我也是個平凡人，會有厭惡、嫉妒和挫折的時候，就像我很喜歡的歌手 Lady Gaga，曾說過："If you don't have any shadows, you're not in the light."（如果你沒有黑暗面，那你身處的地方鐵定沒有光。）

在那之後的講座和社群平台上，我漸漸的分享了許多關於寫下這些正面文字背後的艱難歷程，可當我試著分享更多真實的生活時，反應卻不如我想像。對於當時大部分的人來說，期待的是更多那些歷程的總結和一段又一段的「金句」。我知道那才是大家想要的 Peter Su，而不是那個也會感到低潮和困惑的 Peter Su，面對那些負面能量，Peter Su 這個「人設」成了必須正面以對的角色。我知道我不能失去「Peter Su」，他是我和讀者之間的溝通語言，所以即使有再多的挫折和迷茫，我選擇繼續被這「正向」框架死扣著，將那些心情轉折，簡化成各種正能量句子，同時，也藉由此嘗試鼓勵自己。

Peter Su 是真實的，那確實是我的一部分，可卻也成了我這個人最虛假的一部分。我活成了 Peter Su，卻也死在這個人設裡。

×　　　×　　　×

二〇一五年三月二十一日的凌晨三點半，我呆坐在客廳等待著救護車的到來。當時不知道她又吞了多少顆安眠藥，也不知道這是我人生第幾次打電話給救護車，看似凌亂的過程，我早已可以冷靜、熟練的處理，只是我就

是不懂，為何總在我工作最忙的時候搞出這些問題。

但這還不算什麼。因為記憶最深刻的，依舊是第一次發生的時候，當時我小學三年級，沒有大人在家，只有我妹和我兩個人。那天晚上，我們隱約聽見門外有人哭喊著救命，打開門只見一個醉到像酒精中毒的女人趴在馬路上，一頭的亂髮覆蓋住半張臉龐，拖著無力的身軀緩慢前行，就像是電視上播映的日本恐怖片，只是演出的主角是我媽，她並沒有我作文裡幻想的母親的模樣，而這就是陪伴著我成長的日常。

那不是恐怖片，那是我真實的生活樣貌。我討厭提起是因為怕尷尬，不是尷尬自己擁有這樣的人生，而是怕旁人投放出同情的眼神。

去醫院的路上，我想起了前陣子參加的一個節目採訪，錄影前彩排人員和我核對採訪的內容：「被網路的輿論攻擊時，有造成什麼困擾嗎？」

「還好耶。」我幾乎不作思考的回答。

那個當下，工作人員不太相信並直呼怎麼可能，於是繼續逼問，最後我給

了一個感覺有點難過的答案,當然這也是事實。

在那個才剛開始成為 Peter Su 的階段,我還不知道要如何去解釋口中說的「還好耶」,是該將生活裡那灑狗血般的真實故事全都一湧而出的傾訴,還是省略那些過程,給予大家期待的結果論?我選擇了後者。我知道沒有人在意你的生活,因為每個人都有自己的生活要面對,他們要的只是你得出的結果。

在訪談中,如果我回答:「沒必要去在乎那些不了解你的人。」或是「沒有必要為了那些不喜歡你的人,而改變原本的自己。」我知道這樣的說法很籠統,沒有人喜歡這樣毫無驚喜的答案,可後來我問我自己:「真的還好嗎?」或許是吧!光是照顧現實生活中的人都快來不及了,哪來那麼多時間去在意討厭我的人啊。

我在私人的 facebook 裡寫下了當時的心情,最後一句話寫的是:「如果可以簡單,誰想要複雜。」

這也成了我決定出版下一本書的動機,正式活成了 Peter Su。把生活裡

的那些悲傷隱藏起來，只有一個正面以對的人物設定，文字裡的內容是我真實的生活寫照，卻也是我最不誠實面對自己的證明。把會害怕的自己武裝成只能勇敢的表象，把會在意的情緒轉化成了雲淡風輕的姿態，也把會憤怒的情緒簡化成了如何學會去愛人的情商範本，最後只剩下「如果可以簡單，誰想要複雜」這句書名，包裝著所有混亂複雜卻說不出口的無奈。

二〇一六年，正式和新的出版社簽下了這本新書合約。當時出版社的行銷，巴菲，是我過去在廣告行銷公司的同事，因為有共同的朋友，所以我們的私交還算不錯，可能因為價值觀相仿，合作討論的過程非常輕鬆。我們達成了一個共識，希望這本新書不再只是傳統的出版品，所以在行銷上加入了許多好玩的點子，用更有趣的互動方式，希望帶給讀者跟前兩本作品更不一樣的感受。

就在我們準備預購前的兩個禮拜，巴菲突然和我說：「彼得，我覺得你應該要讓大家認識更多的你耶，那些私底下的個性很可愛啊。」

我知道巴菲的意思，那些私底下會抱怨、難過和嘲諷的我，也是一個真實的 Peter Su 啊。

只是當時的我沒有展露，因為我不敢輕舉妄動，深怕一個不小心就成了不是 Peter Su 的 Peter Su。

幾年後，在寫這本書的期間，我撥了通電話給巴菲，想跟她說聲謝謝，曾經對我說過這麼一句話。我在電話裡告訴她，其實她當時和我說的那句話，我一直放在心裡，只是那時候的我活成了一個名為 Peter Su 的樣子。說起來真的很矛盾，那確實是真實的我，卻也成了限制我的一部分。

有很多事情是這樣的，也許那個當下我們不以為意，可它就像是顆種子，被不經意的埋進心底深處。

在那將近一小時的通話裡，我和她分享了這次新書的內容，並誠實的說出那幾年面對網路輿論的心情，其實當時的自己並沒有表面上的那樣堅強，也許是隱藏得太好，巴菲對我說，他們完全沒有察覺到。

「我覺得聽你和我分享這些之後，真的很替你開心，誠實面對自己這件事情真的很重要，不是每個人都有勇氣去揭發自己最脆弱的那段時光。」巴菲在掛掉電話之前和我說了這段話。

我們也相約好，等新書完成之後，要找一天去她新家的後山走走，那裡有許多奇妙的小徑可以探索，她覺得我會喜歡那個地方。最後，她和我分享了自己懷孕的事，聽見有個新的生命即將到來，讓我不禁回想起這幾年的變化，即使過往有許多的不堪，可故事終究會有新的發展，無論要往哪裡走，我相信都有可能走到新的出口。

那天晚上，巴菲傳了一封訊息給我，並夾帶著安溥的一首歌〈Outro〉，裡面有一段旁白是這樣說的：「當大家都覺得你已經可以安於一種，旁人都可……能夠開始祝福期待你的時候，如果你還像我一樣，試圖破壞自己，就可以真的了解那種喜悅。It's time to die, and I can fly.」

就如同最後她和我說的，印度的濕婆，雖然代表的意義是毀滅，但也是當地受到最多人崇拜的神之一。因為對印度人來說，毀滅也代表著重生。

也許我們都該給自己一個重新開始的機會。

我也曾想過殺了過去的自己，但最可怕的並不是死亡，而是你殺了最初
的自己，那個懷有初衷的靈魂，似乎再也無法復生。
虛有活著的餘生，比死亡還可怕。

Diary

**如果可以簡單，誰想要複雜。**

CHAPTER 2 - 5

「PTT 朝聖之工三小」、「這是什麼廢話啊」、「超級廢文誒，超厲害這樣還能出書喔」、「講這些廢話也可以出書，這世界真是無奇不有」、「你這不是廢話嗎哈哈哈哈哈哈哈哈」。

二〇一六年七月二十五號，《如果可以簡單，誰想要複雜。》的香港簽書會結束後，朋友帶我到淺水灣的一間餐廳用餐。當我和朋友正聊得開心時，手機突然不斷的跳出 Instagram 的留言通知，我隨意瞥了一眼，發現事情似乎有點不對勁，心想，大概又是因為新書剛發行，網路上有人在討論我吧。

我把手機塞進褲子後面的口袋，若無其事的和朋友走到沙灘，喝了口啤酒，壓抑著胸口正在隱隱作祟的不安。我強顏歡笑的聽朋友說晚上還要帶我們去中環一間非常厲害的生蠔酒吧，朋友都知道我超愛吃海鮮，看著他們這麼開心的招待自己，難得來香港碰上一面，絕對不能破壞這美好的一天。

聚會到一半時，我走到廁所、小心翼翼的坐在馬桶上，其實我根本沒有想要上廁所，只是想趕快打開 Instagram，把所有的按讚、留言提醒關閉。因為一整個晚上，手機每在口袋裡震動提醒一次，我的心都會跟著被震一下，那感覺真的好不舒服。

「還好吧？」、「回台灣了嗎？這幾天沒事就不要上網了。」、「只是想關心一下，有什麼事要和我說。」

隔天，當班機抵達桃園機場，我才剛打開手機，就連續收到了好幾封來自朋友的訊息。「不過就是像往常那樣，又有酸民在網路上討論，有這麼嚴重嗎……當然，這次的感覺確實有點不太一樣。」我只能這樣告訴自己。

「誒！彼得，你看！有社團用了書名開造句大賽耶，超有創意！」坐在我後方的出版社行銷巴菲，把手機遞了過來，社團上斗大的標題寫著 —— 第一屆 Peter Su 攏肖話大賽。接著我看到第一段造句：「如果可以當 Peter Su，誰想要寫廢話。」我下意識的唸出來。拉起了嘴角，展現了自己僅存的幽默感，回笑著說也太有哏。

回家的路上，我打開 Instagram 發了一篇在飛機上拍到的彩虹照片。我知道，這時候會有各式各樣的人來朝聖，而我只想裝作若無其事的在社群上「活著」。

回到家放下行李，趕緊先推著老爸去復健診所做復健，在診所等待時，一

個幾百年沒聯絡過的朋友，竟然傳 facebook 訊息關心我，我們的對話內容大概是這樣——

「你都還好吧？」
「剛到台灣，都好啊！」
「知道你沒事就好，只是想和你說，看你很好，挺好。不畏流言閒語，要再成為更好的自己唷！默默支持！」

簡單聊完後，我實在忍不住了，到底發生了什麼事？連這麼久沒聯絡的朋友都傳訊息給我。登入 facebook 粉絲團，看著置頂的那篇新書發文，留言數似乎多了一些，手掌心的汗幾乎快讓手機滑了下來，我只能死命抓著，小心翼翼的點開第一則留言，留言裡附上了張照片，一隻腳正在地上踩爛我的新書。

「哈囉，你爸爸今天復健好嚕，伯伯有越來越進步了喔！」復健師一臉和藹的站在老爸身旁對我笑著說。我試著擦乾手汗，趕緊跟著復健師一起把協助老爸穩定雙手的沙包拆下，可胸口卻有種異常的感受，一種不斷加速膨脹的異物感，雙腳像是被手裡的沙包纏著，整個人幾乎要沉入了地板裡。

走出診所後，我跟爸爸說，今天不搭車了，我們慢慢散步回家好嗎？我從輪椅的後方看著老爸輕微的點了頭。

七月份的台北市街頭，熱到可以把一切燒光殆盡，我緩慢的推著老爸回家，小心看著輪椅上的他因為道路坑窪而起伏的背影。我知道，這已經是我最後的力氣了。

成長途中的那場大雨，有人在等人送傘來，我在等雨停。

—— 我和我的孤獨。

Diary

# 時間。

CHAPTER 2 - 6

不知道過了多久，看了手機上的日曆，才過去幾天吧！原來時間並不是按照時鐘上的指針在計算的，那只是給自以為是的我們方便計算還能活多久的工具。時間，是單獨流動在每個人的宇宙裡，原來，悲傷的時候，時間真的會變得如此漫長，像是切不斷的廉價溶膠，吞食著任何維度裡的光。

網路上的輿論風波才正開始，當時整個出版界最熱鬧的話題，無疑就是Peter Su 了吧。台灣、香港、新加坡和馬來西亞各方合作過的出版社和同事，用了各種輕探卻又不隨意觸碰話題的方式關心了我。我那幾天也出席了好多飯局，雖然每個人都開心的聊天，空氣中卻還是瀰漫著一種詭異的氣氛。餐桌上的話題，總是刻意圍繞在新書排行榜的成績，可我知道，所有的人都在等我開口。

其實，從香港回來的隔天，我就收到了新聞媒體的來信，關於這次大家在網路上熱烈討論的話題，他們想要採訪我的想法，還建議我可以趁這個機會幽自己一默，再次宣傳新書，並附上一些相關的新聞和 PTT、facebook 社群討論版面。當下沒有遲疑太久，我決定點開所有的連結好好看一次，其實書名造句瀏覽一下便也差不多了；最可怕的是，那些完全不認識你的人，僅用了這麼一件事，便在眾人面前將你定了生死。從文字、長

相、性向，甚至是你的家庭故事，每一句事實和非事實，全都成了他們口中調侃和造謠的話題。

那是我第一次，看到這麼多的批評與嘲諷。我以為自己很有自信，可以大無畏的去面對那些聲音，但我錯了，人終究是不喜歡被討厭的，最諷刺的是，那些曾經鼓勵自己的正面句子，在那個瞬間，全都名符其實的成了空洞無力的廢文。

那天，我決定這是我最後一次去看那些會影響自己的東西。可事情並不如我想像的那麼簡單，接下來的每一天，我的粉絲團私訊、發的每一篇文，甚至在合作的品牌方發文底下，開始湧入各種主動攻擊的網友，你不去招惹，他們就直接殺來你面前，逼著你在他們面前喝下這碗毒藥。

於是我試著公開自我調侃，可那並不是解藥，只是更加劇了他們攻擊的力道。我親手將自己葬於一片名為痛苦的墓地，好讓所有的人在我墳上翩翩起舞。這樣的日子，不知道過了多久，一個月？三個月？半年還是兩年，在那個時間變得如此漫長的日子裡，迷茫在我的宇宙裡，無止境般的陰魂不散。

用餐間，我打破了避而不談的默契，應和著所有人投向自己的目光，把那些狗屁道理全都拿出來掛在自己嘴上。

「沒什麼啦，酸民無所不在，是覺得有點煩，但本來就會有不喜歡你的人存在，我把自己的事情做好就好了，總之對於那些沒有什麼建設性的批評，我也就這樣。」

為了怕氣氛太凝重，再趕緊補了一句，「而且我演講的時候，常常都會跟大家說，我本人真的就是一個非常沒有文學涵養的人啊。」丟出了這個台階，好讓每個人順勢接下，讓話題在玩笑聲中帶過。

距離新書上市不到一個月，才剛結束香港和馬來西亞的簽書會，緊接著還有台灣以及新加坡的活動，更別說各種大小的採訪和講座，宣傳期根本還沒走到一半。

我和行銷確認了接下來的工作檔期，詢問除了已經談妥簽約的工作之外，可不可以都先暫時取消，因為我想要好好的休息一下。

我列出了幾個人生代辦事項——

去上說了好久的心理學和哲學課、去一趟說了很久的旅行、去做一件不做，老了就會後悔的事、再花多一點時間陪伴家人。

我說，我想要去完成這些事，可我知道，我只是想再給自己一個還能相信自己的機會。

有人說長大後，越能應對各種情緒。但我總覺得，長大，只是懂得把感覺隱藏得比較深，因為要承擔更多外界的想像，我們都不再輕易承認自己的脆弱。

而越是用情的人，越是埋得深不見底。

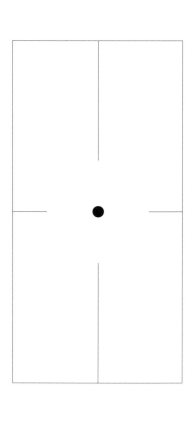

CHAPTER

3

# 信念

我想起了自己，要的並不
是逃離現場，而是重新找
回那份信念。
因為信念，生活才能如此
延續。

C 3

# Believer

CHAPTER 3 - 1

面對這個世界，這次也要像去年一樣好好的活下去啊。

給發現正在討厭長人的你。

二○一六年，我的第三本書《如果可以簡單，誰想要複雜》正式出版了，工作排程也達到了前所未有的忙碌巔峰，除了原先的私人助理之外，我還聘請了一位經理人協助處理工作的相關事宜。這段時間，我的生活就在手機行事曆上，即使需要私人的一小時時間也必須先提前預約；說起來有點瘋狂，因為連身邊的朋友都知道，我們約好的局，只要行事曆上沒有就不算。

這一年最特別的事情是，簽書會的上半場起點是從海外開始，從東邊的馬來西亞一路飛到香港，再接著回到台灣；之後的下半場再繼續回到海外，從新加坡開始，一路飛到西邊的馬來西亞，為期大半年的宣傳期，一直到跨年當天，我也是在簽書會中度過。這中間還不包括各地的其他宣傳活動，偶爾我在飯店睜開眼的那一刻，會需要先看一眼行事曆上的地點，確定自己身處的方位。當時的我，確實就這樣忙碌的活在手機行事曆上。

簽書會期間我需要全神貫注，無時無刻都在使用大量的腎上腺素，過程中

不能有絲毫的閃神，因為我需要很認真的與讀者朋友見每一次面，回答每個活動主持人的各種問題，並且要能在每場講座談論新的話題。

其中香港的簽書會行程，出版社非常貼心的替我多安排了兩天的時間，讓我能稍微放鬆休息，我也趁著這個機會和幾位住在這的台灣朋友碰面。正當我終於能在那最忙碌的日子裡享受偷閒的時光時，也意外的迎接了一場幾乎快摧毀心中所有防備的風暴。

離開香港的前一天，好友帶著我們一群人到淺水灣吃下午茶，正值盛夏的季節，眼前的大海和沙灘幾乎瞬間就能療癒一切。三五好友能在一起吃美味的垃圾食物、閒聊流水帳般的日常八卦，對當時的我來說，堪稱簡單又幸福的時光；正當我還沉浸在這當下之餘，手機一連跳出了好幾則通知，餘光看見螢幕上出現了大量的 Instagram 留言通知。

「咦？我今天還沒有發文，怎麼會突然有這麼多留言？」我好奇的想著，心裡卻突然產生了一股不安感。

趁大家忙著聊天，我若無其事的拿起手機查看，一則又一則嘲笑和謾罵的

訊息蜂擁而上，我快速關掉螢幕，把手機塞進褲子口袋。我知道大概又是酸民在網路上開版討論，但過去僅只在版上討論，從來沒有這樣大量的網友出動來我版上留言的經驗，究竟是發生了什麼事？我打住了正在思考的聲音，嘗試回到餐桌上的話題，可聽覺像是被一道隱形的耳罩蓋了起來，你仔細看著身邊朋友正在說話的嘴型，腦袋卻跟不上任何外界聲音的頻率，腎上腺素再次飆升，強迫把自己拉回到能故作鎮定的狀態。

接近黃昏時，朋友說要去沙灘上喝啤酒看夕陽，準備離開前，我打了通視訊電話回家，也沒特別想說什麼，大概就是想看看他們的臉，我媽把鏡頭轉向躺在床上無法自理的父親，一如往常的，我在鏡頭的另外一端逗著他笑，沒有太多的對話，因為生病的關係，他也不太能說話了，可看著他的笑容，是當時自己唯一的依靠。我知道，那是我最一開始出發的原因，也是支撐著我堅持走到現在的力量。

那天我和朋友坐在沙灘上，淺水灣的夕陽似乎很美，大海和沙灘好像被彩霞裹上了一層迷人的粉紫色，正值盛夏的美麗季節，可我什麼都看不見。

才準備開始忙碌的日子，像是被一道閃電擊中，我沒有和任何人說，但我

知道，心裡有個東西，幾乎要碎裂了。

這段時間，收到了許多朋友的訊息，而我表現得就像是一個毫髮無傷的 Peter Su，用各種看似不在意的語氣回覆著大家的關心。從香港回來的隔天，我就收到了媒體的採訪邀約，並附上了相關的新聞和討論版的連結，為了了解來龍去脈，我決定一口氣將它看完。

騙你的，我看到一半就關了。

我試著用僅存的幽默感去看待網路上滿山滿谷的揶揄和謾罵，各種失控的羞辱字眼，攻擊著你的想法、智商、長相、性向、氣質，甚至是關於我的家庭故事，訊息裡夾雜著各種事實與非事實的造謠。漸漸的，在我出現的各種地方，他們似乎怕我看不見他們對我的討厭，主動的丟出各種攻擊性的字眼，粉絲團私訊和我發布的每篇貼文，甚至是和品牌合作的貼文底下，隨時都能看見那些人的身影，我活像是個罪人似的，被拚了命的往死裡打。

有好長一段時間，我不斷的問自己，是不是我真的做錯了什麼？所以會得到這樣的對待，可是那些他們稱之為廢話的文字，確實曾經指引著我人生

的方向，陪著我走過各種布滿荊棘的道路。面對那些聲音，我以為自己夠堅強，能雲淡風輕的看待一切。但我錯了，人終究是不喜歡被討厭的，我只是比較擅長隱藏，好笑的是，那些我曾深信不疑的哲理字句，全都成了空洞無力的廢文。

當時新書的宣傳期才剛開始，日子根本來不及給我時間悲傷，我採取了不聽、不看的策略來繼續接下來的工作。所以大概有三年的時間，我幾乎不太看任何發文底下的留言，也不再從網路上隨意搜尋跟自己有關的消息；那段時間，我不知道要怎麼面對任何人，怎麼面對讀者朋友、怎麼面對採訪媒體，更多的是怎麼面對那些網民。

「專注做好自己的事，做自己想做的事，任何回應都不是他們想要的，因為他們也沒有打算要聽，討厭你的人討厭你的全部，包括你的存在。」那時候我總是這樣對自己說。

事件延燒了一個月後，我幾乎暫停了後面大部分的工作，在那個最為忙碌的時期。不是為了要讓自己看起來更可憐，而是我知道，我必須暫時離開這個泥淖，我想要給自己一個重新相信自己的機會。也就在這個時候，我

收到了行腳節目主持人的邀請，我知道那是我當時唯一的出路，我想要離開這個地方，去世界的另外一端看看，活在那裡的人，他們的喜怒哀樂，是不是真的和自己的有所不同。

不同領域的工作模式幾乎打破我原先習慣的節奏，重新歸零、開始學習，我將自己全心投入在每一次的旅行中。在世界的另一端，沒有人認識我，也沒有人會帶著偏見與我交談，我可以只是我自己，一個為自己所愛而活著的人類。我們可以就這樣單純的唱著歌喝著酒，分享各自的人生觀；也許因為不同而產生了差異，也正因為差異，我們學會了包容，並試著去擁抱那些不同，因為每一個人都和你一樣，值得被愛。

我在雅浦島上遇過一位當地人，在談論他們如何延續生活文化的過程中，他只和我說了一個字，至今一直影響著我——

"Believer"

我想起了自己，要的並不是逃離現場，而是重新找回那份信念，因為信念，生活才能如此延續。

你仔細去看，受過傷的人往往用過度武裝的模樣來包裝自己，不想讓
人看到心底受傷破洞的一面，所以在眼淚流下來之前，只能裝作若無
其事的笑著。

Diary

重新開始。

CHAPTER 3 - 2

沒有人知道，那兩年的我有多脆弱，當時有好多話，不敢和任何人說，因為我知道，大家只會覺得：「真的有這麼嚴重嗎？」

當然更不敢讓網路上那些討厭我的人知道，因為這樣只會得到一個「玻璃心」的稱號。

也許是小時候曾被霸凌過的經驗，日常生活中的某些場景，只要沾上回憶裡的邊，一場又一場難堪的內心戲都會悄悄的浮現。

走在街上時，只要有路人在偷笑，我都會認為：「對！他們就是在笑我。我就是那個說廢話的作家。」偶爾，走進某間很喜歡的咖啡廳，店員看著我的眼神，我知道他一定很討厭我，可是因為工作，所以必須對我維持最基本的服務。我不知道自己還要不要繼續待在店裡，因為我真的不想為難他。

我只能儘量讓自己看起來討喜一點，希望對方可以看見一個真實的我，而不只是網路上別人說的那個樣子。

最嚴重的那段時期，即使遇見了讀者、粉絲跟我打招呼，或是想要合照，

第一時間，我都會懷疑是不是討厭我的人假扮的，他們其實只想看看我有多糗，以為真的還有人會喜歡我這種白痴。

因為童年時曾被同學這樣對待過，「看別人笑話，是人類取得優越感的最快途徑」這樣的印象深刻烙印在我心中。最難受的是，每次回到家看見爸媽時，我都好想說出自己心裡就快崩塌的事，但是當我看著他們臉上安穩的神情時，又很害怕自己的崩潰會毀了這一切。

心情的壓抑讓我胸口偶爾會無預警的產生無力的沉悶感，我有點害怕與陌生人的交流，也害怕路上那些根本不認識我的人；曾經我以為自己是不是生病了，但我還能這樣想，也許就代表沒有。我想自己還夠堅強能繼續面對吧，為了我心愛的人，我也只能保持堅強，當時心裡是這麼想著。

二〇一六年，《如果可以簡單，誰想要複雜。》這本書的亞洲巡迴簽書會進行到一半時，我取消了大部分正在安排但還沒簽約的工作，我和出版社說，我想要去做些不一樣的事，我知道這是一個非常任性的要求，但他們只對我說了一句話：「就安心的去做自己想做的事吧。」

接下來的計畫是什麼，其實我也不知道，除了不想再出書，其他的事情都有可能。我報名了大學的心理學和哲學課程，買了一台代步腳踏車，穿梭在校園和住家的途中，沒有上過大學的我，渴望著人生能擁有一個嶄新的角色；接了一些設計工作，也成了大好人建恆哥的電台節目客串主持人，每個禮拜四的晚上，我在空中說出的每句真心話，彷彿都在期望，是不是真的有人能聽見，然後認識不同的自己。

沒有安排任何工作的日子，我就推著老爸下樓曬曬太陽，度過最開心的一天。我看著城市高樓間的藍天，心想，就差一個說了好久的旅行了。正當我開始著手準備旅行時，我收到了一封來自三立電視台外景節目製作人的信，內容大概是問我有沒有興趣參與他們正在規劃的國外旅遊節目。收到信的那刻，我想起了自己從小就羨慕電視裡的旅遊節目主持人，可以邊旅行邊工作，這完全就是我的夢想啊！

同年十二月，我正式參與了我的第一場外景節目。在某次拍攝中，我們一路從仙台拉車到北海道，途中遇上了大風雪，快要抵達休息站時，導演和我們說這裡是日本電影《情書》女主角對著山谷大喊的拍攝場景；那個最經典的鏡頭，是女主角決定放下過去，於是對著山谷重複吶喊著：「你好嗎？

我很好。」

看著窗外被大雪覆蓋成一片安靜的銀白世界，我對著車窗呼出一口熱氣，在玻璃上形成了一圈霧氣，手指在冰冷的窗上畫出了一個笑臉。我看著眼前的山谷，接下來究竟會怎麼樣，似乎也無力去想像……

我只能在心底不斷的吶喊著，無論如何，我也會很好的。

有多少次你把那些傷痛說得雲淡風輕，用開玩笑的方式去化解尷尬，

只為了不想解釋那些只有自己才懂的情緒。

解釋真的是一件討人厭的事。

Diary

# 山形飛行記。

CHAPTER 3 - 3

有人說過，讓自己忙碌是好事，忙到你根本沒時間去思考那些煩惱。我也曾那麼認為，可我發現，那只是一場賭注，運氣好一點的，原先的煩惱確實會被其他事物掩蓋，最後混淆視聽的變成一個新的煩惱；可運氣差的時候，那日積月累的煩惱很可能隨機爆發，最後把你殺得無處可逃。

拍攝《愛玩客》的日子，時間突然變得飛快，每天的行程緊湊，在每個拍攝的過程中，我必須全神貫注的去體驗，並對著鏡頭分享每一個當下的感受。在鏡頭面前，即使是一個微小的閃神，都能輕而易舉的被捕捉到。一個人對著鏡頭自言自語並表達不同的情緒，確實不是件容易的事，有時候你看起來輕鬆幽默、有時候新奇有趣，偶爾，也會有異常感性的時刻。每在一個地點拍攝完畢後，沒有太多私人的時間，大批人馬便跳上車，繼續趕往下一個拍攝地點。過程中，我接觸了不同領域的人事物，所有的話題都脫離原本熟悉的同溫層，沒有人知道我的過去，昨天還困擾著我的那些煩惱，已不再是這些人茶餘飯後會關注的話題，原來走出了同溫層，外面的世界真的非常非常大。

「彼得恭喜！《如果可以簡單，誰想要複雜。》得獎了！」一早，巴菲傳了封訊息到出版社群組。

當時我正在拍攝節目，得知新書榮獲了金石堂二〇一六十大影響力好書，其實心情有點複雜。一方面是好不容易逃離的處境，又有了新的話題，我真的不想再引起任何討論；另一方面，我知道我應該要感到開心，可是我卻沒有那種感覺，一點都沒有。

出版社知道我趕不回來領獎，便詢問我可否錄製一段得獎感言，他們會在上台幫忙領獎前播放；即使我對自己的處境感到無力，但此時絕對是偽裝自己最佳的時刻，於是我便錄製了一段看似毫無受影響的影片。

節目團隊得知獲獎的事，紛紛在現場祝賀我，而我只能強顏歡笑接收那份我從來都感受不到的喜悅。

外景的日子持續忙碌著，我也沒有多餘的心思去思考得獎之後換來的結果會是什麼 —— 是更多的話題？還是更多的謾罵？

我們在日本山形縣進行最後一天的拍攝行程時，製作單位給了我一個驚喜。就在我以為要出發前往下一個城市時，導演把我帶到了山上的一個滑翔傘公園，其實我不害怕滑翔傘，但為了娛樂效果，我還是讓自己在鏡頭

前看起來有些反差。

在等待滑翔傘的前置作業時，導演私下問我會不會怕，我說其實不會，真心的想要玩。最後還半開玩笑的說，最近的生活需要一些刺激。

其實我真的不害怕旅行中的各種體驗，在那段日子裡，各種莫名的人心傷害體驗，才是讓我最害怕的。

那天，我終於飛向了雲海，看著自己懸掛在半空中的雙腳，感受離心力所帶來的釋放，我想盡辦法把那些自己不喜歡卻還是犯賤放在心裡的事情拋開，俯瞰著山形的大地，那裡似乎有著無限的寬容。可否就將情緒隨著水分子凝結成雪，飄散在那沒人認識我的山谷裡？可不可以，這一輩子都不用再贖回？

二〇一六年十二月二十一號，頒獎典禮當天，我收到了巴菲代我上台領獎的講稿──

「也許在這出版不景氣的時代裡，它需要一點破壞，然後重新組織。而我

相信，Peter Su 就是那個破壞。」

這座獎盃，我將它放在房間的角落裡，就這樣五年過去了，卻從來不曾和任何人分享這份原本屬於我的喜悅。如果可以，我也想對自己說：「你管別人怎麼說，這是屬於你的時刻，就去好好享受它，憑什麼讓那些人偷走了你的權利。」

雖然是一段看似空洞的廢話，卻能給我再多一些勇氣。

可遺憾的是，那時候的我，並沒有這樣對自己說。

最大的敵人，是你自己。

Diary

**柬埔寨的海港女人。**

CHAPTER 3 - 4

接下《愛玩客》的主持工作已過了三個月。這段時間走訪了不少城市，也認識了許多這輩子很難再相見的人，每當要和相處過一段時日的當地居民分離時，心裡總是有點惆悵，可隨著時間的流逝，離別的感傷也漸漸的能被釋懷了。

我想，人大概就是適應力這麼強的生物吧！日子可以在毫無覺察的狀態中走入下段生活，過去發生的事，彷彿就這樣安穩的埋葬在內心某處；曾經如此在意的那些枝枝節節，全都失焦成了畫面裡的一團模糊光圈。

二〇一七年三月，我們到了柬埔寨出外景，導演希望我們尋找各地的生活職人，並且跟著他們學習和體驗職人的工作。於是我們走訪了好幾處小鎮，穿梭於各個在地的市集，來到白馬市的海港時，我們原先的計畫是尋找當地專門捕撈螃蟹的達人。就在進入市場前的路邊，我們看見了一位正蹲坐在地上畫畫的女人，我和另外一位搭檔主持人，運慶，好奇的走近；女人的畫本上畫著身穿柬埔寨傳統服飾的男女，每一頁都是不同的姿態和情景，但讓我著迷的是，她畫筆下的世界，每張臉孔都散發著某種純真又溫柔的眼神，沒有繁雜的繪畫技巧，看似簡單俐落的線條，卻勾勒出令人好奇的想像世界。我們站在一旁觀賞時，她沒有停下筆，還是一頁一頁不斷的畫著。

導演見狀走到我們身邊，攝影機也早已準備好，團隊的導遊幫我們向這位畫畫的大姐打了聲招呼，可是沒有得到回應，這時站在一旁圍觀的民眾和導遊說：「她長年都坐在這裡畫畫，不太說話的⋯⋯」

接著，導遊有點難為情的繼續說：「他們說⋯⋯她精神有點問題。」

我們蹲低在她身旁，試著與大姐有些互動，並想了解她畫裡的含義，只見她開心的笑，若有似無的張嘴卻無法表達完整的字句，導遊輕聲說：「她不太會說話。」

當時，我沒有太大的反應，只有發自內心的對著鏡頭說：「其實你能感受到她想說的一切都在畫裡了。」

不知道是否你也和我一樣，對於生活中偶爾接觸到的一些人，會試著去想像對方的心情和生活，並且學習用同理心去理解、尊重他們；可在那個當下，當我試著去體會這個女人的處境時，卻很難感同她的世界。彷彿在她的宇宙裡，只有一片純淨的空白，沒有任何在這世俗下產生的框架；也許她身上反映出我這段時間的心情，不知迷失在那些紛擾的聲音裡多久了，

這份如此簡單的自我，是我一直想要再次找到的東西。

出外景的這幾個月，我和導演培養出了許多默契，所以每當我在鏡頭前有任何神情閃爍，他都能即時洞察。

我本以為拍攝已經告一個段落，便走到一旁休息，這時導演卻繼續扛著攝影機走到我面前，問我是不是還有什麼話想說。在那個猝不及防的當下，我試圖在鏡頭前壓抑內心即將爆發的情緒，可是淚水早已不聽使喚的突破了心底那道防線，浸濕了眼眶。我知道，我將幾個月前發生的事情，全都不小心投射在此刻，接著我再也無法克制的哽咽傾訴——

「很多時候我只是把自己的故事寫在那裡面，我覺得這個世界有時候很奇怪，只要一個人活得不合乎眾人的邏輯時，就會被覺得很不正常，或是稱之為神經病。可是有時候，我就只是在我的世界，做一件你不瞭解的事情而已。」

也許我們都曾有那個類似的孤獨階段，我知道，要瞭解他人已經很難了，可是想被瞭解，卻更難。

原以為自己轉換到新的跑道，那些過去便能隨著忙碌的時間淡化。可是我錯了，傷痛並不只是埋得夠深就會消失，那些沒有被你正視並處理的情緒，只是暫時鎖在你心底的墓碑裡，再深的地方都有入口，它等待的只是一把將它打開的鑰匙，自始至終，我都忘了誠實面對自己。

關於過去那些好與壞，我都不想再試著去刪除了，因為那裡的每一塊碎片，才能組成現在的我，我只想好好的為自己活一次。

那天臨走前，我們在附近買了幾本畫本和彩色筆送給大姐，沒有任何言語，彼此深深的微笑道別。上了車的我們很沉默，透過緩慢前行的車窗，回望她最後的身影。我相信，這世界上，確實有很多感受是無法言語的；而妳，用沒人理解的方式活著，孤獨的活著。

在這麼混沌的世界裡，唯獨妳清醒的活著，或許，這世界不配如妳一般美好的人。

時間久了，你終究會了解，人與人之間，最大的吸引力在於真誠與善良。

去旅行吧！

CHAPTER 3 - 5

網路上的輿論和調侃不知道延續了多久，對我來說，似乎成了一種日常。我不曾洩露過任何心聲，以為沒有試著在同溫層取暖，就代表能更堅強的獨自面對，結果我發現這根本是一種自殺式的行為，殺掉了所有真實的關係。

我沒有意識到，其實我和讀者之間就像是朋友的關係，我從來不和他們傾訴心中的真實感受，就不會有人了解我；就這樣，大家制式般的相處，我寫我想寫的，他看他想看的，變成一種供需的假象。因為我不夠真實的對待別人，也不夠誠實的面對自己，最後，只換來了一場虛假的互動。

決定辭掉旅遊節目的主持工作之前，我和挖掘我並幫我出版第一本書的總編輯佳玲碰了個面。起初只是如老朋友般的聚會，畢竟她看著我在出版界一路的成長；除了關心網路事件後的近況，大家都想了解我是否還有出書的規劃。我們回顧了這一路的經歷，從只想寫書給爸爸的素人作家、到跑遍海內外的簽書會活動，接著遇上了網路輿論事件、到選擇離開出版界，我知道佳玲想問新書計畫的事，但我和她說，其實目前沒有計畫再出書。

佳玲笑而不答的問了我：「你還記不記得，《夢想》十萬慶功版，我們在京華城舉辦了一場簽書會？當時有一個爸爸陪著他女兒來參加，那個小女生

上了台之後，一直緊張得發抖，最後還忍不住在台上大哭。」

「我記得，我那時候握著她的手，她真的緊張到講話一直結巴。」腦海裡，我想起了那女孩緊張的模樣。

「她爸爸後來不是說，其實他女兒有人群恐懼症，但她堅持一定要來見你，想跟你說聲謝謝。所以她爸爸也非常好奇，究竟是要見誰，讓她願意跨出那道門。」

「嗯。我還記得最後那個小女生下台後，邊走邊哭的回到爸爸身邊，最後爸爸笑著向我招手。」

說到這，我在餐桌前靜默，佳玲說：「你真的給了很多人追尋夢想的勇氣，我在旁邊都看見了，那是真的。」

真的嗎？這是我當時心裡的第一個想法。並不是懷疑以前發生過的事，而是當時的我幾乎已經快忘了，什麼是追尋夢想的勇氣。

佳玲說她想介紹一個朋友給我認識，他是台灣 agnès b. 的副總小道，他和我一樣也是個喜愛設計的人，我們兩個一定會聊得來。過沒幾天，我們三人便相約在信義區的餐廳吃了頓晚飯。我沒想過，那是改變我非常重要的一個晚上。

當天晚上大部分的時間，我和小道都只是在閒聊，聊著喜歡的設計風格、聊著彼此照顧父親的心情，當然也分享了許多我在旅遊節目發生的有趣故事。也許是在那毫無防備的狀態之下，小道突然丟出了一句：「Peter，你最想去哪裡旅行？」

「是哪裡啊？」心裡有那麼一個瞬間，我重複問了自己好幾次。以前採訪時，不是被問過很多次嗎？這麼簡單的問題，為什麼在那個當下我卻答不出來，我的口袋名單應該很長啊，可是當下我的腦袋卻一片空白。

「沒關係，你想到了再跟我說，不急。」小道放緩了語氣對我說著。

佳玲看著我突然默不吭聲，也試著在一旁岔開話題，想幫忙緩解我尷尬的情緒。

「尼泊爾……我想去尼泊爾!」我的腦海突然閃過了加德滿都的滿願塔,飄揚在空中的五色經幡,還有那雙充滿力量的佛眼,那是我十六歲時曾夢想過的地方。

說出答案的同時,我幾乎深嘆了一口氣,似乎想起了什麼事情。心裡有股壓抑許久的感受找到了出口,大概是那段日子以來,第一次這麼嚮往未來,真的好久好久沒有那種為了自己去一趟遠行的心情。或許吧,有些事情並不是真的忘記了,只是還沒想起來而已。

你問我為何想去尼泊爾,因為我知道心中還有一塊尚未崩壞的地方,那是我的夢想,自始至終都藏在那裡。

小道和我說,agnès b. 一直以來都非常欣賞不同領域的藝術家,所以他想支持我的旅行,支持我去追尋屬於我心中的夢想。最後他和我說:「去旅行吧,無論你想做什麼,我們都會支持你。」

我真的很感謝在我最懷疑自己的時候,agnès b. 願意信任我。那天之後,我辭掉了手上的節目和工作,安排了一段為期四十九天又十七小時的旅程,

走過了四個國家，去找尋一個「連自己也不知道是什麼」的東西。我將路上發生的一切都視為線索，我相信，當舊的篇章被原諒，新的篇章自然便會開啟。

隔年，我出版了第四本書《在顛沛流離的世界裡，你還有我啊》，用本該形容戰亂分離的詞彙，去形容過往那段內心早已流離失所的狀態，唯有當你開始適應新的生活環境，那些過程才會變成平淡無奇的日常。緬懷過去並不能將它召喚回來，只有逐漸放下過去，才有機會重新開始。我試著將旅程中發生的一切記錄下來，也許很多事情確實回不去了，但我想從這裡開始，給自己的人生一段新的篇章。

也在那年，agnès b. 協助我舉辦了人生第一場攝影展《Prana·生命裡的每一次呼吸》，展覽裡記錄了我在旅途中所拍攝的每一個日常。在那四十九天的旅程中，我遇見了一次又一次平凡卻富有生命力的瞬間；在那段時光，我學會了最重要的一件事情 —— 原諒自己，我想讓自己可以自由自在的好好活著。我將攝影展取名為 Prana，Prana 在古老的梵文裡，意思為「氣息」或「生命」，我們的每一口呼吸都化成了生命的能量。

攝影展結束之後，我收到了來自 agnès b. 法國時裝週的邀請，踏上我人生
第一場時裝週之旅。原先只是抱著好玩的心情去參加，但在那個過程中，
我似乎看見自己更多的樣貌。我喜歡各種有趣又時髦的裝扮、研究各個時
裝品牌背後的故事，還有在巴黎準備出門前的每個早晨，享受站在鏡子前
為自己精心打扮的那份喜悅。在各個活動場合中，我認識了許多穿衣風格
強烈自我的時髦人士，他們由內而外所散發出的那種獨立和自信，是我難
以忘懷的樣子；不知從何時開始，我愛上了這一切，我知道這原本就是我
熱愛的一部分，我想要跳脫過去的框架，跟大家分享自己更多的面貌。

雖然當時新書的成績在台灣不甚理想，可也因為和 agnès b. 的合作，漸
漸開啟了我和其他時裝品牌的接觸。我開始在社群上更自在的展現自己
私底下的模樣，無論是熱愛打扮的我、愛保養的我，還是健身的我，我開
始更認真的經營跟出版無關的生活，將那些屬於我生活的一部分，慢慢
地展露給更多人知道。那些不是你印象中的 Peter Su，卻也是 Peter Su
真實的一部分。

沒有方向的時候，或許是個好時機，讓事情一件一件的自然發生，即使對接下來的事情感到不確定，你還是孤注一擲，活在當下。

你知道，這過程最好的部分是什麼嗎？

當人生自然發展的時候，
你永遠都會感到驚喜。

Diary

**被操控的魁儡。**

CHAPTER 3 - 6

於是乎人生的上半場，我總是抱持著「清者自清」、「懂我的人會懂我」的心態活著。

但這一切真的是太鄉愿了。

長大之後才發現，在這個社會上，有時候並不是這麼回事。我又沒有做錯事，為自己沒有做錯的事情發聲，是我本該擁有的權利；為什麼別人隨便幾句言論就可以輕易的綁架我，我辛苦建立的自我價值被他人貶低、挪揄，我默不吭聲，還要為他人著想。沒有人會把我們當聖人，因為到最後我們就是一個連自己信仰都無法捍衛的弱者。

找尋「自我價值」的過程，在成長的路上已經夠難了，難道還要讓不負責任的評論輕而易舉的來擾亂人生？每天活得戰戰兢兢，像個被操控的魁儡般，最後也只是被人當作一場笑話。

並不是每個人都懂得珍惜你的「算了吧」，他們反而利用這點更變本加厲；不跟那些人計較，他們還把別人的善意當作理所當然。也許有些人覺得「拒絕」是一件很尷尬的事，但不懂得拒絕的人，最後只會把自己累

死，也得不到對方的尊重，因為他們只會把別人的善良當作一種順從。

你說你很勇敢的面對這世界的打擊。不，你只是個耐受力很強的沙包，直到被打破的那天才會發現，原來，你從來都沒有為自己的人生捍衛過，哪怕只有一次。

誰都會被討厭，但又怎樣？你活著又不是為了取悅他們。

Diary

**那是我的初衷。**

CHAPTER 3 - 7

其實出版《在顛沛流離的世界裡，你還有我啊》之前，將近一年多的時間，我對於書寫文字這件事情非常迷惘，並不是我再也不知道該怎麼寫了，而是經過輿論事件之後，我的思緒變得非常混亂。Instagram 和 facebook 上的發文如同例行公事，成了一個無法表達情緒卻又必須書寫各種感情的矛盾階段。慶幸的是這段時間裡，我嘗試分享各種不同領域的事情，不再只做機械式的「發文」，我想看看自己是否還有微小的機會，找到任何屬於生命中的火花。

是否再寫書這件事情，也幾乎徹底離開我的思考範圍。這段時間，有非常多的出版社來信想洽談出版相關的合作，我和當時的助理說，都先暫時婉拒吧。

一直到某天，我和挖掘我出版第一本書的總編輯佳玲，見面聊天，當時我還在拍攝旅遊節目《愛玩客》，待在台灣的日子沒有很長。許久未見，我就當作是和老朋友的聚會，由於身邊幾乎沒有了解出版業的朋友，我也想趁機大吐苦水，聊聊這段日子以來的心情。

後來經由她的介紹，我認識了台灣 agnès b. 的副總小道。印象最深刻的

是，他在飯局問了我那句，「你最想旅行的地方是哪裡？」

那天之後，我無數次的在心裡重新檢視自己，想著出書前的自己，十九歲時踏上第一次的旅行，跑去南非當背包客；但更常讓我想起的，卻是那個在十六歲來到台北念書之前，一直住在台東的孩子。

在我正式和 agnès b. 合作之前，我曾開玩笑的問過小道：「你們不會怕跟我合作嗎？」即使已經過了快一年，當時網路上還是不乏許多負面的討論聲音。小道不避諱的和我坦承，公司裡確實有些同事整理了關於我的負面新聞和討論內容給他，有些人建議，要評估這個合作是否會影響公司形象。但小道非常認真的看著我說：「agnès b. 支持著理念相同的藝術家，所以你就去你想去的地方旅行，我們會在你身邊支持你。」

也在那一次 agnès b. 的大力支持下，讓我重新找回出發的勇氣。在旅行途中，找尋所有生命中可能的線索，我不會說我在那段旅途中找到了自己，而是在那個階段，有人願意如此信任我，並讓我感受到他們的陪伴，讓我重拾信心。除了順利舉辦人生第一場攝影展之外，也連續兩年受邀到巴黎時裝週參加 agnès b. 的發表會，這對當時的我來說有著很大的啟發與

改變；我看見了更多可能的自己，過去那些旅行和文字並不再僅限於某種形式上的呈現，我可以試著將更多自己熱愛的事物融合在一起。

很榮幸的我在時裝週的發表會結束後，碰上了設計師 Agnès 本人。我還記得，當時握著她的手，並親口向她說了一聲謝謝，因為她教會我跳出自我限制的框架，堅信自己心中的信念；她讓我看見「生活，本來就不是單一樣貌，我們之所以能成為自己，是由你所熱愛的一切組合而成的。」

那天，我走在巴黎的街上，想起了一件事。成為 Peter Su 並不是只有一種可能，分享我所愛的一切，才是我一開始出發的初衷。

每個人心中，或多或少都有自己的一道信念，有點像是生命中的精神指引，在沒有人陪伴的時候，是那樣的聲音陪著自己前進的。

「親愛的你，面對生活，或許我們都還是個孩子，但正因為如此，你還有成長的空間，你以為不會過去的今天總是會過，無論如何，我希望你不要放棄；今天流下的淚水都將化作明天的勇敢，而昨天受的傷，最終都會成為未來的堅強。

無論你心底那無法觸碰的傷，讓你用什麼方式去愛或是恨這個世界，我依然相信，當你學會了與它共生共存，那復原過後的傷口，終兇會成為你未來最強大的力量。」

這是一路陪伴著我成長的力量，寫給你也寫給我。

我想寫下的故事。

CHAPTER 3 - 8

距離網路輿論事件已經兩年了，那些大量的攻擊言論漸漸的變少，或許是說，我幾乎將它當作我生活中的一種日常，那些討厭我的評論還是存在，只是它已不再是我生命中的全部。就在這時，我迎接了自己有史以來銷售成績最糟的一次。然而讓我心理上產生劇烈變化的，並不是銷售成績下滑這件事，而是我開始在意了銷售成績，這已經不是當初那個單純想寫下故事的自己了。

嚴格說起來，《顛沛》海內外加總的銷量並沒有下滑非常多，我理解書市萎縮的現實，但當我看到年度銷售報表時，台灣的銷量大幅下滑了將近過去的一半，說不在意是騙人的。我知道過去兩年的輿論間接帶給我的影響，但真正讓人沮喪的是，我因為那樣的影響而渴望被別人認同，病態的想用銷售成績去證明自己還有存在的價值。

二〇一八年底，我打了一通電話給又瑜，她幫我編輯了《夢想》和《愛》這兩本書，也是我一直以來非常信任的人。在我寫第一本書的過程中，她陪著我一次又一次的解決許多寫作上的問題；過去那幾年，我和她傾訴了許多內心話，也是她引導著我如何將那些感受記錄下來。但讓我最安心的是，她總是溫柔的傾聽著，那些關於我成長歷程中一遍又一遍的故事。

長久以來，在我心裡一直有個尚未完成的故事，約又瑜碰面之前，我有了寫下它的念頭，所以我想聽聽又瑜的看法，再來也是想問她有沒有興趣擔任我的編輯，因為我知道，她最了解當時我寫下《夢想》這本書的原因，也最能懂得我在生活與現實之間的來回拉扯。

「妳還記得我寫第一本書的原因吧？其實那時候寫完之後，就一直希望能完整的寫一本我和父親的故事，也是我一直很想完成的夢想。但我想要有更不一樣的突破，所以這次想試著用長篇故事的類型來書寫。」我岔開了原先流水帳的話題，突然一臉正經的看著又瑜說道。

其實我很清楚長篇故事並不是我的拿手文體，本以為又瑜會擔心我為了想要突破而弄巧成拙，結果在聽完我的想法之後，她一如往常溫柔的和我說：「我只想跟你說，每當你開始寫下關於自己的故事，那些文字雖然看似簡單，但真的很觸動人心，你就放心的寫下你想訴說的故事。」

她認為最初我寫書是為了分享真實內心的故事，那就是我的初衷，如今聽到我終於想寫這本關於父親的故事，她非常支持我的決定。

沒想到那個曾經不知該從何寫起的小男生,到現在終於可以清楚的知道自己想寫些什麼。又瑜最後和我說了這麼一句話,我至今都放在心上:「你的讀者也是會跟著你一起成長的。」

二○一九年三月,我把幾乎完成的書稿交給又瑜之後,便帶著爸媽出發,展開我們的紐西蘭之旅,這趟旅程也是為了拍攝新書的照片。對當時的我來說,那並不是一本為了討好誰而寫的書,也許我無法改變過去發生的事情,但我不想再讓生命留下任何遺憾。這本書會記錄我曾經迷茫過的青春,也是我一直想寫下的故事。

兩個月後,我將曾經寫給父親的那句話「陪伴,是世上最奢侈的禮物」作為書名,交給了當時第一次合作的時報出版社。當我拿出幾張與父母親合照的相片,想作為封面和大家討論時,大家一致希望封面可否沿用以往大家熟悉的 Peter Su 風格,也就是放上我個人的旅行照片,好讓讀者更容易接受這本新書的題材與改變。不過在我的堅持之下,新書最終還是放上我和爸媽在紐西蘭旅行的合照,一張我非常喜歡的照片。

可結果並不如想像中的順利。在準備印刷之前,出版社召開了一場緊急會

議，原因是許多市場上的通路反應，對於 Peter Su 這次新書的親情主題和不同以往的文字架構沒有信心；大家希望看到的是 Peter Su 的金句書，擔心這本書太過於小眾，所以訂貨量也大幅下降，這對出版社來說，其實有很大的衝擊。

當時出版社也知道，這是一本對我深具意義的出版品，所以從我決定要寫下《陪伴》這本書開始，他們就全力的支持我；我可以理解，即使通路的反應是可以預期的，Peter Su 作品突如其來的風格轉變，對出版社來說是一種冒險，況且那還是我們的第一次合作。

所以出版社試著從市場面幫我分析、與我討論，是否能將原先的封面照片更換成大眾較能接受的風格時，我在最後一刻鬆口答應了，當然條件就是大家最後看到的結果，我把父母親的合照變成限量版的封面，選用了自己最愛的顏色，親筆寫下送給父親的書名，希望它不只是一本封面不同的書，而是別具意義的珍貴收藏。

謝謝當時外界不看好，讓我能擁有一本更有紀念價值的版本。

對於我來說，最後的成績如何已無所謂，從帶著爸媽出發的那天開始，這件事早已消失在我的思考範圍。因為最重要的是，我找回了當初寫下第一本書的初衷。

無論別人再去議論什麼，好壞與否，這都是我想寫下的故事。

誠實的面對自己一次吧。

有些事真的跟自己早已沒有太大的關係，你的問題並不是多害怕被人

討厭，而是花了太多寶貴的時間，去在乎那些根本不用在乎的人和事。

Diary

**給讀者的一封信。**

CHAPTER 3 - 9

不知不覺的，就這樣寫到了第五本書《陪伴，是世上最奢侈的禮物》。偶爾還是會覺得奇妙，從沒想過當初的自己可以走得這麼遠，從二〇一四年出版第一本書到現在，跌跌撞撞的一路上發生了許多事，也遇到了許多人，喜歡你的、討厭你的，我都必須照單全收。但更常讓我想起的，是每次在不同地點遇到的你們。

我常在想，面對生命中帶給我的不悅，除了調適自己的心態之外，究竟還有什麼力量能讓自己更強大？

在快寫完《陪伴》這本書的某個午後，我站在民宿的陽台發呆，明知道交稿的期限就在眼前，本該心急的我卻突然間慢了下來，腦海裡盡是這幾年曾走過的每個瞬間和每個見到你們的時刻，想起那些出現在我生命中的面孔。記憶中，你們一臉可愛的模樣，像是好久不見的老友，和我訴說著某本書或某段文字陪你們度過的時光。有時候，你會語無倫次的笑著跟我說你終於出發的夢；有時候，你一把鼻涕一把淚的跟我傾訴心底不被人懂的痛；這些際遇，我到現在依舊覺得不可思議，所以我盡可能的記下每一個你曾和我說過的故事。我知道那是需要相當大的勇氣才能說出口的話，而你們說話時那真摯的模樣，現在想起來，心裡還是如此感動。像是

一道溫暖的午後陽光，讓曾經懵懂的我們走到了相同的路上，微風輕拂著時間，拉起了往後生命中的一片悠長溫柔。

一開始宣傳《陪伴》這本書的時候，有許多採訪，當然也包括讀者，都會問我一句：「小東是你嗎？」

當時的我並沒有正面回答，想法其實很簡單，只是希望大家能把更多的想像留在故事裡，我想透過文字與讀者產生更多的互動，直到有天我收到了一封訊息，內容大致是這樣——

「Peter 你好，想請問故事裡的小東是你本人嗎？因為我和家人也正經歷著類似的事情，無論是你還是小東，只是想和你說聲謝謝，寫下了這本書，讓我知道原來真的有人能懂我的心情。也希望我能如小東般，有一樣的勇氣繼續面對。」

我永遠記得又瑜曾經和我說過：「你的讀者也是會跟著你一起成長的。」

回想前兩年的自己，狀態真的不是很好，眼光全都放在那些不愉快的事情

上，幾乎都快忘了，有幸能在寫作的這段路上認識每一個你們，才是我需要花時間去在乎和感受的，聽起來確實有點肉麻，但至今我依舊抱著感恩的心情在面對這一切。也許有些人早已在途中下了這班列車，但我始終相信，這一生所遇見的每一個人和事都有其原因，那些看似平凡瑣碎的片段，裡頭全都藏著生命的線索，只要你願意多花一點時間去細心探索，總有驚喜在前方等著你。

一路走來，我收過許多人的訊息、卡片，還有見面時，那代替千言萬語的擁抱，裡頭是滿滿的故事和感謝。

我曾聽過一句話：「你所真心付出的，最終會用另一種方式回到自己身上。」其實我不確定此刻的感受，是否就是那種力量，但我確實感受到了，換我和你說一聲：「謝謝！」

即使沒有生活中的實質陪伴，但那並不代表你想給予的力量就會有所限制，有些事情確實能穿越我們大腦認知的三維空間，無論城市間的距離，語言上的隔閡，還是日曆上的時間。

所以我想那個答案，大概就是愛；那種宛如宇宙般的溫柔力量，摸不著也看不見，卻足以讓人感到無比安心。

最後，我也想回答當時所有問過「小東」問題的你，

「是的。」故事裡的那個小東，是陪著我一路成長的自己，那是我生命中的真實故事。

那是一本我的成長之書，裡頭記載著一個平凡的人生故事，那些看似黑白電影的日常，像是佇立在公路上的每一處站牌，無論接著上下車的人會是誰，故事依舊會繼續前進。

時間，將曾經懵懂的青春打包，塞進了一封沒有地址的信，寄向某天我們終將交會的路上。

其實你也知道，一個人愛不愛你、討不討厭你，是能清楚感覺到的，而
且那種細微的感覺非常真切。

CHAPTER

4

## 活成自己
## 最愛的樣子

脆弱，在你的生命之中，
並不是懦弱。
好好的擁抱它，學會善待
脆弱，它也能成為巨大無
比的力量。

C 4

殺掉過去的自己。

CHAPTER 4 - 1

有好長一段時間，只要我在社群媒體上發布自己私下最真實和喜歡的生活面時，我的追蹤人數就會開始不斷下滑，這件事一直持續到了現在。身旁的人總是和我說，算了吧，喜歡你的人本來就會來來去去，你不要太在意。

起初，我也是這麼告訴自己的，畢竟在經歷過網路輿論事件後，現在的我只想誠實面對自己。但說來也諷刺，當你開始展現了最真實的自己之後，換來的卻是原本看似喜歡你的人，一一離場；我心裡想，要退就讓他去退吧，只要我堅持做好自己，下滑的追蹤人數總會有止血的一天。

結果答案是錯的，當我越是大膽的展露自己喜歡的生活，無論是認真運動的自己，還是那個愛漂亮的模樣，分享在社群上的次數越頻繁，那些下滑的速度越是如雪崩般的發展。真要說起這一切，大概是從我去了巴黎時裝週開始。

結束我的巴黎時裝週初體驗，在回到台灣之後，我陸續收到了許多時尚相關領域的工作邀約。還記得剛接觸時，身邊就開始有人說：「可是你是作家耶……」我當時只回答了一句：「所以呢？」

其實當時我已經注意到，每當我在社群上發布和作家身分較無關聯的貼文時，除了觸及率下降之外，也會有少量的退粉現象，尤其是在這個網路社群分眾越來越明顯的時代；我知道大部分追蹤我的人，是因為我的書和文字，那些屬於我個人的真實生活和其他樣貌，他們全都沒有興趣。我能理解這件事情，但這也是我開始思考的問題。自己從最初的社群經營，一直到書籍風格的設定，我是不是將自己限制在一個單一人設的「Peter Su」樣貌裡，所以當你開始展現更多自己喜歡的事物時，明明都是你的一部分，卻也不小心掉入了一個人設崩塌的陷阱。

當時的我心裡總是納悶著，難道大家心中想像的作家只能帶著一台電腦，坐在巷口的那間文藝咖啡廳裡，望著窗外寫寫書嗎？

雖然我很珍惜自己的作家身分，但是我並不想成為那個刻板印象裡的作家模樣；對我來說，每一個人本來就該按照自己的意識和喜好活出屬於自己的樣子，並不非得是「多數人」心中既定的樣子。所以自從那時，我的社群也開始有了一些變化，我試著將過去那些大家習以為常的旅行攝影，慢慢的置換成各種日常生活風格的照片，再搭配大家熟悉的文字內容，嘗試結合那之間的各種可能性。

二〇一九年九月，正當我著手安排新書《後來的你，好嗎》的拍攝計畫時，
我再度受邀參加了時裝週。這次除了巴黎之外，還多了來自英國和義大利
的品牌邀約，我心裡想，時裝週結束之後，正好可以待在歐洲旅行並且拍
攝新書的照片。在時裝週的期間，有個擔任髮型師的友人 Sundia 剛好
也在歐洲，我們決定一起在時裝週合作。由於這次的行程必須全程自費，
所以我的預算很有限，經過討論，我負責 Sundia 在歐洲的所有交通以
及食宿，她幫我打點每次出席品牌活動的妝髮造型。每一次活動之前，
Sundia 都會非常認真的陪我討論各種造型，我們晝夜不分的仔細閱讀
各個品牌背後的故事，研究每次活動服裝的細節搭配，也大膽嘗試各種
過去不曾挑戰過的前衛造型。

「嚇死我了，怎麼會變這樣……」
「希望你不要轉型，把自己搞得四不像……」
「所以你接下來就不打算出書了嗎？」

當時我的 Instagram 版面幾乎被時裝週的照片佔滿，也許是一下子來
得太突然，我開始在照片貼文底下看見零星網友的負面反應，也陸續收到
了一些私人訊息，說是這樣的我讓他們有很多不適應，也就是從這個時候

開始，我的追蹤人數大幅的下滑，前前後後到現在加起來，大概有將近十萬左右的退追人數。我知道，喜歡你的人本來就會來來去去，但在那個我真心想要分享更多真實自我的階段，說完全不受挫是騙人的，我以為「做自己」是一件大家會支持你的事，但原來「做自己」真的是一件非常需要勇氣的事。

結束了第二次的時裝週之後，我重新檢視了這件事情。我將自己塞在巴黎的那間窄小公寓裡，每天不斷的自我對話，最後得出了一個結論，如果這是一件我真心喜歡的事，即使旁人越是不看好，我越應該堅定的做下去。因為那些離開的人只願意接受我的一部分，而不是全部的我；如果為了挽留那些人，我必須繼續維持他們想看見的樣子，那就失去了我原先最完整的模樣。雖然十萬人的退追數字看起來有點多，但我更應該看見的是，還有很多繼續支持自己的人。

我一直都知道，我大可繼續做那個大家想看見的 Peter Su，也許它是一種經營模式，但那並不是一個長久之計，所以我想要誠實的面對自己。我討厭過去的自己喊著「做自己」的精神口號，卻絲毫沒有勇氣去展現更多真實的自己，這些我喜歡的生活方式，也是屬於 Peter Su 最真實的一部

分。對我來說，無論是旅行、寫字、藝術還是時裝，都和我的生活息息相關，從這裡汲取的經驗，都是真實的我尋找故事靈感的開端，我不知道自己還能做到多少，但這一次，我會放手去做。

在前往匈牙利拍攝新書《後來》之前，我看了戶頭裡所剩不多的存款，問了Sundia 可否在時裝週後，再一次負責我新書裡的妝髮造型。雖然最後新書成本超支，但我想要有所改變，我想讓大家在作品裡看見更多真實的我，所以我打扮成自己最喜歡的樣子去了那趟旅行，漂漂亮亮的在那途中寫下屬於我的文字，我想誠實的面對自己也面對你，所以這一次我決定——

我要殺掉過去那個 Peter Su。

世界上有許多美好的事是需要付出代價的，包括做自己。

Diary

**做自己，是需要付出代價的。**

CHAPTER 4 - 2

一直以來，我以為做自己是一件天經地義的事。可是當我必須和這個社會上形形色色的人來往，做自己，是需要付出某種程度上的代價。

你可能會因為展現真實的自己而被誤解、會被三觀不同的人討厭，最後因為角色不符合社會大眾的想像而出局，其實做自己這件事，是需要極大的勇氣。

可是真的好奇怪，大家不都敲鑼打鼓的吹捧著「做自己」的名號？為什麼背地裡，卻又無法接受那些正在實現「做自己」的可愛人類呢？

也許我們缺少的是坦承，和他人之間的坦承，和你自己的坦承。

前往拍攝的路途中，車窗外的景色變化，像是有魔力般的吸引著我，近乎出神的狀態，反而開始釐清了一些困惑。在我最懷疑自己的那段時間，看見任何人走上了對的軌道，都會本能反應的以為，只要走上同樣的道路，也能成就一樣的結果，所以盲目的跟著別人的屁股後面走，可到頭來，你不過只是另一個活得苟延殘喘的複製品。

在拍攝這本新書照片時，好幾次對著鏡頭突然一陣鼻酸、想要落淚，我努力壓抑著自己隨時就要爆發的情緒；不確定是想起那些曾被誤解的過去，還是心疼這個被捏成大家想要看見的軀殼，有那麼一刻，感覺自己就像是一個赤裸的存在。我把最真實的自己都奉上了，那些喜歡和不喜歡我的人全能將我一眼看穿，隨時都能將我一拳粉碎，可那就是我，一個不想再成為只求被認可的人，因為那樣子真的好累。我真的，就只是我自己。

抵達目的地之前，我決定不再只是急著去證明自己也能做到誰認為的樣子，過去那些張牙舞爪的大聲嚷嚷，是因為害怕失去；也許我需要的只是擁抱脆弱的自己，我想為了自己去追尋，哪怕沿途布滿荊棘。

可不可以，我們只是好好的面對彼此，哪怕就這麼一次；看看那早已滿身傷痕的模樣，輕撫那些曾被人嘲笑的傷疤，訴說一段關於自己的故事。

脆弱，在你的生命之中，並不是懦弱，好好的擁抱它，學會善待脆弱，它也能成為巨大無比的力量。

年少時，嘴裡喊著做自己，是血氣方剛，是以為理直氣壯便能毫髮無傷；成年後，心裡想著做自己，是脫下防衛武裝，是血肉模糊的亂葬崗，是垂涎活著的代價。

Diary

**關你屁事。**

CHAPTER 4 - 3

我覺得無論做什麼事，最重要的，終究是有沒有認真下定決心。如果一開始就沒打算要去做，或是在開始前便預設了各種可能會失敗的理由，即使問了再多建議也只是徒勞，因為即便有了完美的答案，你不行動，誰也幫不了你。

想要變得更好，不管是想證明給誰看，給自己看、給討厭的人看、給曖昧對象看都好，正面、負面都是一種動力，把它轉化成推動自己的決心，而不是放棄自己的藉口。

昨天直播有個正在就讀中文系的女同學問我，因為在學校推薦了我的書而被學長否定，還被說分享廢文。如果是我，會怎麼做？

如果自己喜歡的事物被旁人批判和否定，我會怎麼做？

我的想法其實很簡單，真心喜歡的事情，為何需要別人的認可才能擁有，捍衛自己認同的事本來就是你的權利，如果你人生所有的事情都需要別人的肯定，到底是為了誰活？

你的價值本來就不該建立在別人的口中，他們隨意踐踏他人的幾句言語，可能是很多人花了許多力氣正在摸索的自我價值；成長的過程裡，往往一不小心就花上近乎一輩子的時間去追尋自我價值，這本來就不是一件容易的事。

你問我面對那樣的聲音會害怕嗎？
「會啊。」

可我害怕的是自己有一天不再勇敢的為自己發聲，而不是那些用不同價值觀綁架自己的人。我想請這位女同學謹記，不要那麼容易讓外界的聲音進駐自己的內在，不然我們一輩子，都可能成為別人的魁儡。

貶低別人喜歡的事情，真的沒有比較高尚。

最後，面對那樣不負責任的抨擊——
「關你屁事。」

我想我會這麼說。

我不想再說服任何不喜歡自己的人，我不認為那是我的首要任務。

因為我無法應付那些和自己價值觀不同的人，那些人只會說：「我不喜歡你。」

Diary

**錢，買得到快樂嗎？**

CHAPTER 4 - 4

有次，我在 facebook 上的某篇貼文底下看到了一則留言：「凡夫俗子賺錢了，需要名牌，俗啊，還是喜歡以前窮的你。」

這讓我想起一句話：「錢買不買得到快樂？」
很多人都會說，錢買不到快樂、買不到幸福，更買不到真摯的友情。

我能理解這些話的意思，世上許多美好的東西都是無價的，但這些跟錢本身真的有關係嗎？沒錢的人生難道就能擁有絕對的快樂、幸福和真摯的友情？我覺得有時候是「人」的問題，並不是「錢」的問題。

我並不是要鼓勵你必須當個「有錢人」，但我想為錢和快樂這兩件事做個簡單區分。

「快樂」對我來說，應該是一種體驗和感受，並不全然是一個等價交易。就像是我花了上萬元吃了一頓米其林餐廳，和花五十元吃到一個隱藏版的排隊美食，那種「快樂」的感受，本質上是一樣的。我不會說現在的感覺是一萬元的快樂還是五十元的快樂，當然每個人可以為自己設定不同程度的快樂，但我們實在很難體會別人對於「快樂」的感受，因為每個人定義

快樂的方式也都不同。

那你問我，錢買不買得到快樂？
我的答案是：「錢買得到快樂。」

就好比我最喜歡的旅行來說好了。花錢去旅行，那也是透過錢買到的快樂
體驗，但這跟我花多少錢無關，我可以是窮遊世界的背包客之旅，也可以
是奢華的高級渡假旅行；花錢買喜歡的東西，名牌非名牌，透過物質需求
所產生的快樂感受，那種體驗都是相同的。況且那位網友口中說喜歡以
前窮的我，我想他指的應該是過去喜歡當背包客旅行的我，可也許他沒意
識到的是，那些過往一樣花了當時的我很多錢去旅行啊，而現在更努力賺
錢的我，只是把錢花在別人肉眼看得見的地方。有句話雖然是個玩笑，但
現在想起來，確實非常中肯：「錢沒有不見，它只是變成了你喜歡的樣子。」

在我的理解範圍內，有錢跟沒錢，快樂的「感受」都是一樣的，只是差別
在有沒有錢而已。聽起來很現實，卻也是事實，我不會自認清高的說錢是
身外之物，賺錢對我來說很重要，喜歡錢這件事也沒有什麼問題，因為有
時候，錢，確實可以改善眼前許多問題。尤其是在照顧家人這件事情上，

讓我對這個感受再深刻不過。每個月龐大的生活開銷、不定期的醫療費用支出，很多時候，如果你不努力再多賺一點錢，這個家就會撐不下去，賺多賺少都是錢，至少錢，讓我買到這個家安穩生活的每一天。

而那樣用錢買到的安穩生活，對我來說，換來的就是一種快樂。

最後，回歸到原先那位網友的留言，其實我想說的很簡單，賺錢買自己想要的東西，那是每一個人的快樂。

也希望你記得，價值觀是用在自己人生的，並不是讓你拿來約束他人的利器，你可以不認同，但請別用你的價值觀綁架別人。

價值觀是用在自己人生的，並不是讓你拿來約束他人的利器。

美 麗 的 綻 放。

CHAPTER 4 - 5

二〇一九年十月，我認識了一位和我個性完全相反，卻徹底喚醒我心中所有聲音的好朋友，莫莉。

我們的初次見面是在米蘭時裝週的某個晚餐，她的經紀人 Henry 邀請我們一起參加這場飯局。老實說，在這之前我只有在 Instagram 見過幾次莫莉的照片，除了知道她和許多國際精品合作之外，對於她是什麼樣子的人，我完全沒有概念。

出社會之後，交朋友確實變得比較不容易，因為社交的場合變多了，人和人之間的關係也因為時間的壓縮，變得越來越薄弱。但這個夜晚卻給了我一個新的體驗，原來並不是交朋友變得比較困難，而是有沒有遇到一個頻率相同到會讓人起雞皮疙瘩的人。

我記得，在那場飯局裡，莫莉突然轉頭問了我一句：「彼得，你去過這麼多漂亮的地方旅行，你還有最想去的地方嗎？」

「Amangiri」我不假思索的給了這個答案，這是一間座落於美國西南方峽谷內的高級沙漠渡假村，位處自然保護區的它橫跨了猶他、亞利桑那、

科羅拉多和新墨西哥四個州的交界處，雖然一晚要價不菲，但一直是我人生中最想要住的夢幻飯店，沒有之一。

原本還因為工作剛結束而一臉倦容的莫莉，瞬間拉大了嗓門，用高八度的聲音激動喊著：「Oh My God! 我也是！我跟很多人說過這個地方，可是都沒有人知道，我終於遇到了！」她不斷的和我說，那也是她人生中最想要住的夢幻飯店，甚至還拉起了我的手說，我們一定要一起去這裡。大概是從這一刻開始，我們兩個人興奮的分享了許多各自的旅行夢幻清單，那些我收藏在手機裡尚未分享過的絕美景點，也是她在網路上儲存下來的照片。講到了激動處，莫莉把手機連上了藍牙喇叭，放出了第一首她的愛歌，前奏才剛出現，我激動的喊出歌名，在那個當下，莫莉拉起了我的手，邀我和她一起肩並肩熱舞，大家在一旁紛紛拿起了手機拍攝我們兩個瘋狂搞笑的模樣，偶爾我們像是對手般較勁著各種魅惑舞姿，下一秒又像是擁有絕佳默契的組合，對著現場觀眾表演。

體內沈睡已久的細胞似乎正被釋放，像是宇宙自然法則的微妙變化，我們互相吸引對方，如萬有引力般的牽動著彼此。

那是我第一天認識莫莉，一位個性浮誇卻很真實的女孩，在她身上我看到了一個人如何毫無畏懼的展現完整的自我。那天晚餐的最後，我也向她討教了一些時尚領域的經驗，當然也聊到了關於我參加時裝週而被退粉的心情，對於正在摸索的那個當下，難免會對未來產生一些猶疑，她對我說了一段話，至今依舊放在我的心裡。

「為什麼要去想十年後的你會變成什麼樣子？你該想的是，明天的自己要做什麼，又該如何做。就像你想成為某個樣子，但今天的你或明天的你都不往這個方向做，十年後的你，也不會成為你想要的樣子，想要成功，你必須先誠實的面對自己。」

她的話幾乎是當頭棒喝！也許就像她說的，很多時候，我們預設了太多太遠的未來，反而限制了對於明天的想像，就像她總掛在嘴邊說的格言：「人生不要留有遺憾，因為活著本身就是一場火花，所以請毫無保留的去活在每個當下。」

回到台灣之後，我和莫莉開始有了密集的聯繫，也在同年年底，我加入了她所屬的 AHA 經紀公司。其實過去這八年，除了每年的書籍出版計畫，

我幾乎都是獨立處理所有的工作；決定加入這個團隊，也是希望自己還能有更多發展的可能性。一開始，團隊合作的模式對我來說非常陌生，但隨著越來越多的工作機會，我也開始感受到一個團隊的合作，真的可以扛起比以往更多的重量。也許途中有許多磨合，但步伐卻越走越穩，除了工作品質上的要求變得更細緻，面對原先外界的那些不看好，你都可以更無懼的撐著，因為你知道，背後還有一群人陪著你一起面對。

這兩年，我和莫莉一起去了無數次的旅行，我總認為，旅行是朋友最快認識彼此的一種方式，而且通常結果不是大好就是大壞。我在這段旅程裡，親眼看見她如何在社群媒體上活出真實的自己，又如何一步步努力的實踐自己的目標，甚至可以自信的分享屬於自己的成就，在她身上，即使看似微小膚淺的目標，都能成為一個人努力的動力來源。

也許有些人會認為莫莉那樣子的生活方式太過浮誇用力，但我看見的是，一個人不留遺憾的為自己而活。在這個資訊混雜的世道裡，所有的信仰都經過細緻的包裝，成為一個真實人，確實是一件非常危險的事，但我寧可活成一個真實卻可能被討厭的人，也不願做一個為了討人喜歡卻虛偽活著的人。

我也想大聲的宣告自己的聲音，用最真實的模樣去活出屬於自己的信仰。

×　　　×　　　×

幾個月前，我和莫莉一場無意間的對話，讓我有了寫這本新書的念頭。原先我們只是在檢視社群經營上的一些想法，尤其是我的那個老問題，每次只要分享和作家無關的貼文就會開始大掉粉，雖然我已經在這件事情上找到了一個平衡點，清楚的知道自己想要的是什麼，但莫莉的個性不是這樣，別人可以說她雞婆，但我知道她只是想要幫我解決這件事情。

「蘇彼得，我覺得你還不夠誠實。」莫莉打斷了所有對話，雙眼直瞪著我說。

我沉默了非常久，這句話很直接，卻也是事實。為了維持那個平衡點，我知道自己在社群經營上依舊有些掙扎與矛盾，雖然我也開始大方的分享自己日常生活中的不同面向，無論是運動生活的紀錄，還是穿上喜愛的精品服裝，當然也有我和男友的生活日常，但新的追蹤人數始終追不上掉粉的速度。我必須持續的寫下粉絲預期的文字，才能勉強的維持住粉絲數。所以偶爾在粉絲人數即將掉入下一個臨界點時，我會選擇性的避開那些會掉

粉的日常貼文，這一年幾乎都是卡在同一個狀態，不上不下。

莫莉打破了沉默，繼續問我原先正在寫的新書狀況，我回答已經快完成一半了，主題是幾段發生在我生命中，並且影響我非常深刻的友情故事。莫莉聽完，毫不客氣的給我一個白眼。「你上一本不是才寫友情嗎？你不斷重複端出類似的作品，只是在消耗你的粉絲，所以你現在才會卡在這裡，不上不下啊。」

「我沒有想要消耗我的粉絲，我每一次都是真心的寫下想寫的故事，妳剛說的其他事情我都認同，只有這件事我不同意。雖然在社群經營上我試著做自己，但我承認我也會害怕啊，如果今天我是因為做人很假而被退粉，那我真的沒話說，但我每次只要真心的丟出自己，換來的都是這樣的結果。就像我最近上傳跟男友的生日合照也可以被大退粉，還被酸民留言，怎樣，作家不能是同志嗎？」我突然按捺不住心中的情緒，對著莫莉說。

莫莉激動的回我：「對！就是這個！你的下一本書，必須讓你的粉絲聽見你內心的真實聲音，你要寫一本關於你的故事。」

對，確實從出版第一本書到現在，過程裡有太多的挫折與不安，甚至那些憤怒全數被我粉飾成另外一種看似正面堅強、卻又曖昧不明的表述。我想打破過去的那個自己，我要寫下這個故事，一個誠實面對自己的故事，我必須揭開過去那些害怕被攻擊、討厭的武裝，才有機會讓自己變得真正堅強。

×　　　×　　　×

過了一個禮拜後，我打了通電話給莫莉，和她說了自己思考過後的想法，除了決定好好寫下過去那些真實情緒之外，我也決定要在這一本書裡出櫃。

莫莉開玩笑的對我說：「你根本不用出櫃，大家都知道你是 Gay。」說完之後，我們兩個笑到不能自己。

其實，我也以為大家都知道我是同志，畢竟一直以來，我在社群上從不避諱的分享我和男友的生活；但在前陣子，我收到了一封讓我非常訝異的訊息，內容大概是這樣。發訊息的人和他的朋友本來都是我的讀者，有次他和朋友說到我是同志的事情，朋友竟和他翻臉，並說他在毀謗她崇拜的作者，在那之後兩人便不再聯繫，然後他的那位朋友也不再喜歡我，因為她

認為這是一件不符合道德觀的事。

我當時心裡第一個念頭是，如果妳是這樣不平等的看待人類的話，謝謝妳不再是我的讀者。當然這只是心裡話，但我真正思考的是，也許她對同志的恐懼和無知，都是來自於她的不理解，所以這也讓我決定要正式寫下這件事情。

過去，我也曾經歷過一段因為害怕自己是同志而被攻擊、嘲笑的階段，尤其是學生時期。當時台灣的性平教育尚未開始，我常常因為陰柔的氣質被同學嘲笑；各種用來揶揄女性化的字眼，還有一點都不有趣的玩笑，陪著我度過成長的階段。離開學校之後，這個社會對於我的陰柔特質，更是毫不留情的攻擊，只要我有一丁點不符合刻板印象裡男性該有的陽剛特質，就必須接收各種父權思想的歧視言論，我花了很長一段時間，才逐漸找到自我身分的認同。但支撐我最大的力量，終究還是來自於我的家人和朋友，他們讓我知道，身為同志並不是一件錯誤的事，也許在成長的路上，我需要比別人多一些武裝，但對他們來說，我依舊是他們愛著的同一個我。

可每當我面對外面的世界時，我始終不明白，明明已經到了二十一世紀如

此進步的時代，人類對於不同的身分族群依舊存在著許多不平等的歧視對待，世界進步得飛快，可惜人類的文明卻沒有。

我曾試著在書裡、社群平台，甚至是每一場講座上，分享許多關於同志和支持平權的故事，我想用自己的方式，為本該平等的權利發聲，只是過去的我，也許說得太過隱晦。在準備寫這本書之前，腦海裡不斷浮現過去那些曾經在活動上見過的讀者粉絲，有許多可愛的孩子還正在求學的階段，我不知道自己能為他們再多做些什麼，但我期許自己能成為一個溫柔且有力量的存在，我想讓那些正在飽受各種歧視和霸凌的朋友知道—— 你並沒有錯，而且你也不需要對任何人感到抱歉。

我想堅定的在這裡大聲說：「我很驕傲我是一名同志。生而為人，我們都擁有愛人和被愛的權利，你我之間，對於愛的感受，並沒有任何不同，我們每一個人都一樣。」

也許有時候，我們無法知道答案的對錯，因為那是成長的一部分，然而你必須聽清楚每一句來自心裡的聲音；我想只要你用盡全力的為自己堅持到底，即使結果不如預期，也請你不要認為那是失敗。因為真正的失敗，

是你從未嘗試。那什麼是成功呢？我想，大概是你終於知道該如何面對不如預期的結果，並且不再把成功和失敗當作人生唯一的二分法。只要盡力面對眼前的每一刻，每一次的結果，都只是為了下一次更美麗的綻放。

就如同我一直深信不疑的那句話——

「凡事到最後終究會變得美好，如果還沒變好，那就是還沒到最後。」

要記得，我們最強的敵人和隊友，永遠都是我們自己。

幽默，從來都不是建立在別人的痛處之上，講話不經大腦的直白，也
從來都不是坦率，別誤會了。

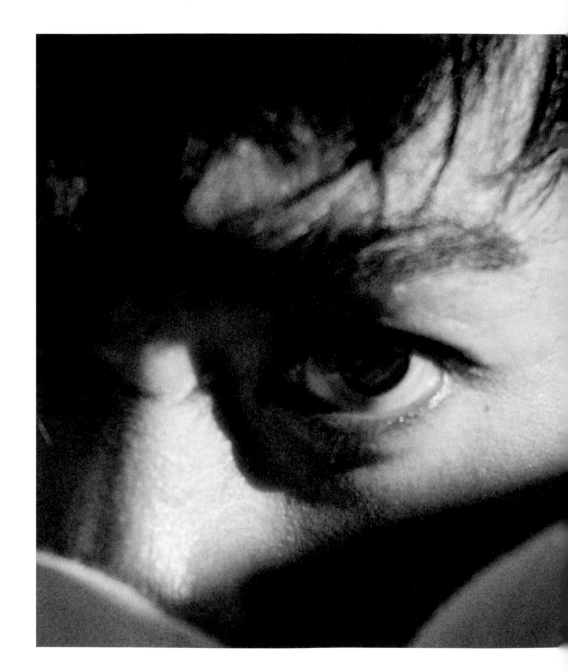

Diary

**拆掉框架。**

CHAPTER 4 - 6

有一次我收到某位網友的提問，想知道我接下來的人生是否有想要達成的目標。

我開玩笑的回說：「把身材練好，做一個不符合大眾邏輯的作家。」

表面上看似一段玩笑話，但確實也是我這一路走來的心聲，尤其是面對網路社群經營上的變化，這個念頭越來越深刻。這幾年，我一直努力讓自己保持在最好的狀態，除了持續旅行及寫作之外，我也開始認真的保養自己。除了外在的保養，還加入了固定的運動訓練，生活的習慣與重心開始有了不一樣的變化，這一切，大概都是從二○一六年開始的。

那時候，我剛好接下《愛玩客》節目主持人的工作，暫停了原先的寫作計畫，這改變了我原本的生活重心，我嘗試將這樣的變化分享在我的社群上，畢竟這都是我真實生活的一部分。除了記錄運動，也分享了日常保養，當然還有我主持節目的有趣故事，但就在這個時候，我收到了許多因為刻板印象造成的歧視性攻擊言論。

有次，我分享了一段在柬埔寨的故事，其中有幾幕在節目裡感性落淚的片

段，一些收看的網友留言說：「哭什麼哭，男人應該要流血不是流淚」、「可以像男生一點嗎？」、「這主持人也太娘了吧？」

在網路上，我和男友的合照底下出現嚴重的歧視言論：「死同性戀」、「請不要提倡同性戀」，當然更多的只是留下各種噁心、嘔吐的表情符號。

更別提那些針對分享運動、保養留下的刻板訊息，似乎在某些人的眼裡，「作家」只能是某種既定樣子的存在。

我的個性從小就滿反骨的，很討厭所謂的刻板印象，他們越是認為不應該要有的樣子，我越是想打破。例如：男生應該要有男生的樣子、男生不能哭，這一類極父權主義的鬼話，本以為只存在性平教育尚不成熟的時期，可當我長大，有了一個所謂的「作家」身分後，那些討人厭的刻板印象依舊存在。作家應該要「文靜」、應該很「聰明」，甚至要很「樸實」……所以作家愛漂亮、愛保養、愛健身是一件很奇怪的事。

刻板印象真的殺死了許多人，它無形的枷鎖間接造成許多人不敢誠實面對自己內心更多的可能，那些本來有機會找到更快樂的自己，全都死在別人

的刻板印象裡。像是一隻魔鬼住進了人類的心裡，成了一輩子難以甩掉的心魔。

一個人不會只有一種模樣、一種身分，也不該只能擁有一種既定印象。誰說作家不能愛運動、愛漂亮？文靜與活潑為何不能同時並存？所以我想要拆掉那討人厭的框架，在既定印象外的世界，才能更完整的看見屬於自己的真實。沒有人能真正的捆綁我們，侷限我們的一直都是我們自己，不要害怕框架外的世界，它其實比想像的還要美好。

人生已經很難，請不要再折磨自己。

不要再試著改變自己迎合討厭你的人。

你最美好的價值不在於你和別人的「相同」，而在於你和別人如此「不同」。

Diary

**我們的差別。**

CHAPTER 4 - 7

你再稍微看仔細一點，討厭你的人，其實比喜歡你的人還關注你。

新書《後來》出版後的這幾個月，也剛好是我和莫莉在台灣瘋狂旅行的日子，也許是這本新書在網路上有許多討論，這陣子主動跑來攻擊我的無聊酸民又開始增加了。有天我在 Instagram 的限時動態聊天，正好有個網友問了我一個問題：「關於最近在網路上被嘲諷，有什麼想法？」

經紀人看到動態之後，馬上傳了封訊息給我，並揶揄著說：「感覺很紅！」我也跟著自嘲說：「最近很多人在罵我，代表我還沒過氣，覺得非常欣慰。」在兩個人一來一往的玩笑中結束了這個話題。其實，這兩年關於酸民嘲諷這件事，我越來越能用詼諧的角度去面對，改變我最大的原因，我想是我這兩年生活圈的變化。我接觸到越來越多有類似經驗的朋友，我也逐漸能理解酸民為了找尋存在感的運作方式；一開始我也以為這些自我解嘲只是一種變相的自我安慰，但後來我才發現，事實確實如此。就像每次莫莉對我說的，如果你被罵得還不夠兇，代表你不夠紅，不然 Who cares（誰在乎）你是誰？

當然說歸說，正面迎擊這些嘲諷時，多少還是需要經過一些心理建設的，

因為沒有人想看自己不喜歡的東西,所以我真的不了解,到底為何這些人要虐待自己去看這麼多自己不喜歡的事?網路上有一種功能叫做「封鎖」。其實,你真的可以直接封鎖你不想看見的任何東西。

走過了前幾年的低潮狀態,我漸漸開始閱讀貼文底下的留言,也終於重新和讀者有了更多的互動。新書宣傳的這段期間,收件匣的訊息通常會比以往多出好幾倍,我盡可能的一一回覆。有次我收到了一個小男生的語音訊息,從他的大頭貼看起來應該還是個學生,我沒有多想就按了播放,結果另一頭傳來了這樣的內容——

「可以請你不要再出書了嗎?這種廢話,我唸國中的妹妹也寫得出來。你拍的照片都很好看,你好好拍照就好了。」

所以到底是要攻擊我還是稱讚我?聽完的當下,我真的是有點哭笑不得。

不確定是因為緊張還是憤怒,他的聲音聽起來微微顫抖,我想他還處在摸索自我價值的衝動階段吧。我詢問了他是誰之後,看著他正在打字的畫面,打了又刪、刪了又打,接著我選擇回覆幾句平和的話語,他就再也沒有

任何回覆了。我當然可以選擇激烈的方式反擊這位同學，但我希望有一天，他能試圖去理解，每一個人活在這世界上已經非常不容易，我們輕而易舉的對他人造成的傷害，是必須以自己之名來負責的。

最後，回到一開始那位網友的問題，「關於在網路上被嘲諷有什麼想法？」當時我的答覆很簡單——

「我和他們的差別在於，他們全都知道我是誰，但我連他們是誰都不知道，而且他們都跟喜歡我的人一樣，關注我。」

請謹記自己的價值，你想要的、喜歡的，他們不了解又沒關係，真的不是這些人陪你走完這一生。

我也是花了很長的一段時間，才懂得學會多照顧自己一點。

不喜歡的就不要勉強，也不拿別人的喜好來綁架自己，想要讓自己感

到自在一點，那就遠離那些一直在傷害你的人。

Diary

**活成自己最愛的樣子。**

CHAPTER 4 - 8

喜歡你的人自然會留下，不喜歡你的人，快走不送。

今天和莫莉、女王在晚餐直播時，被其中一位讀者發現我一直跟不上話，我看到了她在直播下的留言：「彼得還好嗎？為什麼突然變得這麼沒有自信，好心疼。」

為了讓直播順利進行，那個當下，我本來沒有打算要回覆的，大概是莫莉也發現了，在螢幕的另外一端開玩笑的對我說：「蘇彼得，你今天怎麼看起來，人生很不確定的樣子。」

人就是這樣，本來以為自己可以好好消化掉的事，當有人開口詢問後，情緒便瞬間自動放大好幾倍，胸口快炸裂的感受也越來越難遮掩。

直播前幾天，我在社群平台上跟大家分享了一篇自己居家健身的文章，主要的內容是記錄了自己用三十天的時間減脂成功，搭配了前後身材的變化照，並寫下了這麼一段話——

「學會自律的人便擁有自由，這句話我真的深信不疑。」

因為我開始學會掌控生活裡的每一分鐘，那個時間才是我真正擁有的。我或許只是別人眼裡的作家，但我也喜歡運動而且我享受這份自律的生活，習慣規律的運動和飲食讓我不再那麼懶散。

發完這篇文後，隔了一個晚上，我的粉專被退了一千多個追蹤。其實在發這篇文之前，我也想過可能的結果，早在幾年前，我在某次旅行入住的飯店裡，發了一張對鏡子自拍的照片，當時只是單純想記錄開始運動的自己，底下有個留言寫著：「現在連作家也要脫了喔！」

我想著，為何作家不能分享運動的生活，作家一輩子都得穿著衣服拍照嗎？

我知道大家追蹤我的原因，我也知道該怎麼經營才能讓更多人持續追蹤我。可是一個人的堆疊不會只有一個面向，我也希望透過自己喜歡的生活，來和大家分享我的感受和體驗，如果一切都只是為了迎合大家想看的，反而失去了我最一開始分享生活故事的本意。

退粉這件事已經維持了好長一段時間，當然我也能理解，社群平台上，大部分追蹤我的人是因為我的書和文字，那些毫不相干的生活，他們沒有興

趣。這也是我開始思考的問題，也許一開始我只展露了單一面向，一個不小心變成了某種被制約的人設，所以當我試著想分享更多時，卻成了崩壞的人，可從頭到尾，我根本就是同一個人。因為各種意想不到的面向，造就獨一無二的我，只是我們都習慣把別人活成了自己想像的模樣，這本來就是一道選擇題，沒有所謂的對錯。

我最沮喪的是，當我把更多真實的自己展現出來後，原先喜歡我的人，其實根本不像我想的那般喜歡；喜歡這種事，其實是有條件的，也許是我自己太認真了。

一直以來，我的個性幾乎算是報喜不報憂，一來是怕麻煩、懶得解釋，二來是說了似乎也沒什麼意義，尤其是這種會被公開檢視的感受，最後都只會變成他人口中的「討拍」行為。可那天我想著，這些感受都是真的，就好好的說出來吧，人和人之間是一來一往的，如果我總是丟出看似不會累的感受，那永遠都不會有人知道，我也是個會獨自在暗夜哭泣的人。

那天抒發完自己的心聲後，很多讀者寫信幫我打氣。謝謝你們願意給我鼓勵，現在的我，會把專注力放在愛我的人身上，也會花更多時間在喜歡的

事情上，就像我曾經在書裡寫的——

「無論你要去哪，希望接下來的日子，你能活成自己最愛的樣子。」

寫給我，也給你。

只有先學會愛自己，才有機會讓別人來愛你。

Diary

**為了我所愛的人。**

CHAPTER 4 - 9

無意間翻到幾年前，曾寫給老爸的一篇日記——

「每次能讓我精準感受到所謂的『時光飛逝』這句話 ，我想，都來自於每一天和你說的早安和晚安。每一趟出門前親吻你的臉頰，和每次旅行回到家時見到你的那個擁抱；有時候，恨不得可以抓住所謂的時間，好讓我可以擁有再多一次陪伴你的機會。雖然現在的你已經不太能說話， 但我懂你的言不由衷；也謝謝你，一直懂得我的詞不達意。你依舊是我生命中最強的靠山，願我也能成為你餘生裡的美好，永遠愛你。」

二〇二一年七月，老爸因為莫名的高燒不退住進了醫院，在那個疫情尚未結束的期間，幾乎快把我們全家給嚇死了，幸好檢查之後並沒有感染，我們才安了心。數不出這是第幾次陪著老爸來醫院，並不算陌生的經驗，可這次的感觸卻特別深刻。疫情的關係，醫院病房非常的吃緊，加上陪病家屬的人流管制，一次僅限一位家人陪同，原先的計畫是我全程待在醫院照顧，但因為媽媽不放心，堅持也想來醫院照顧，所以最後變成我和她早晚輪流值班。急診室的臨時病床空間非常狹窄，家屬基本上只能半坐在椅子上睡覺，而且還必須時時刻刻都戴著口罩，在這種高壓的狀態下，我們在急診室待了快一個禮拜。某天看著準備和我交班的母親一臉憔悴模樣，趕

緊送她回家休息後，我便跑去詢問護理師還要等多久才會有病房，護理師在電腦上查了一輪後，和我說目前單人房和雙人房都很滿。因為我爸掛的是內科，所以前面的病人住進去後，都會需要比較久的時間做檢查，加上疫情，大部分的人都只想住單人房，原本就緊縮的病房，我們現在想要馬上有一間單人房可以入住，真的比較困難。跟媽媽討論之後，我們都不太希望住三人房，所以最後的結果也只能繼續等。

隔了一天，護理師突然跑來問我，醫院目前有釋出一間高級單人病房，問我是否有考慮先入住；不過價格比一般單人房還要再貴，之後如果有空出一般單人房，會再幫我們轉病房。我問了一下價格，心裡倒抽了一口氣，完全是天價。

我思考了幾分鐘，想著也許只要住幾天就會有一般單人房了吧，再三的和護理師確認了之後轉入一般單人房的可能性後，當天晚上，老爸就從急診室轉進了病房。那一整個下午，我在心裡算著所有可能的花費，雖然結果非常之貴，但如果可以選擇，當然希望能給家人最好的環境和治療。自己一直以來這麼努力的工作，想多賺一點錢，除了可以做自己喜歡的事情之外，也讓自己能多一份選擇，現在的我多了一份這樣的經濟能力，讓他們

得到更好的照顧，我替我自己這麼努力感到快樂。

住在醫院的那段時間，半夜聽著心電圖儀器的滴答聲響，偶爾會想起十年前同樣的夜晚。不知道在醫院住了多久的那段日子，走去病床邊的躺椅像是回到房間般自然，窗外的雲朵和星星，是我唯一能短暫放空的風景。時間像是被半夜裡的滴答聲響來回推進，想起了這十年間的變化，努力的工作，也拚了命的付出一切，都只是為了能給他們一個更好的選擇，也許這途中遭遇到了許多傷害，無論是現實生活中的困境，還是過去網路上的爛事，在這個滴答聲響不斷的夜晚，似乎都不算什麼了。

親愛的老爸，為了你和老媽，我會用盡生命全力去保護。就和十年前你第一次生病一樣，只是現在的我更勇敢了，再慌亂的突發狀況，我都會迎刃而解，那是因為我知道，在我的身後還有你們，而我始終這麼相信著，之所以還能無所畏懼的長大，是因為我有深愛著的你們。而當你深深的去愛著一個人時，真的會有巨大無比的力量，去面對生活給你的各種難題。

請你一定要答應自己，從今天開始，和我一樣奮力去愛一場。

願接下來的日子，一路陽光普照，你能像個孩子般的快樂奔跑；偶遇
風雨交加的路上，我們還能像個大人一樣，無畏的撐起自己。

# 我也曾想過，殺了過去的自己。

## 做自己，是需要付出代價的。（暢銷慶功版）

| | | |
|---|---|---|
| 作　　　者 | Peter Su |
| 責任編輯 | 劉又瑜 |
| 行銷企劃 | 很好聯想有限公司 |
| 封面攝影 | 莫Mo（instagram:mohftd） |
| 封面設計 | 百墨設計有限公司 |
| 內頁設計 | 百墨設計有限公司 |
| 美術編輯 | 楊雅屏 |
| 校　　　對 | 周貝桂 |

發　行　人　蘇世豪
總　編　輯　杜佳玲
社群行銷　莫尚程

出　　　版　是日創意文化有限公司
地　　　址　臺北市大安區和平東路三段66號2樓
電　　　話　02-2709-8126

本版發行　2024年5月20日
定　　　價　420元

國家圖書館出版品預行編目(CIP)資料

我也曾想過,殺了過去的自己 :做自己,是需要付
出代價的。(暢銷慶功版)/ Peter Su著. -- 臺北
市:是日創意文化有限公司, 2022.01
　面；　公分
ISBN 978-626-95561-0-6(平裝)

1.自我實現 2.自我肯定

177.2　　　　　　　　　　　110021379